颠覆式革命

人形机器人产业浪潮

王晋 巫南克 杜泽 编著

Disruptive Revolution

The Humanoid Robot Industry Wave

人民邮电出版社

北京

图书在版编目（CIP）数据

颠覆式革命：人形机器人产业浪潮 / 王晋，巫南克，杜泽编著. -- 北京：人民邮电出版社，2025. -- ISBN 978-7-115-66905-6

I. F416.67

中国国家版本馆 CIP 数据核字第 20255GT910 号

内 容 提 要

　　人形机器人集成了人工智能、高端制造、新材料等先进技术，代表着一个国家的高科技发展水平，有望成为继计算机、智能手机、新能源汽车后的颠覆性产品。本书包含 4 篇 11 章："前世今生"篇（第一、二章）概述人形机器人产业的历史与现状，揭示其技术迭代演进的过程；"谁主沉浮"篇（第三至五章）聚焦全球主要国家在人形机器人产业上的政策布局和战略部署，重点剖析我国国家层面的政策及各地方产业的发展动态；"百变金刚"篇（第六至八章）详细阐述人形机器人在工业与建筑、家庭服务、医疗护理、军事与救援等领域的应用，剖析它们对劳动力市场产生的深远影响；"人机共生"篇（第九至十一章）对人形机器人产业的未来进行展望，预测技术发展的方向，探讨产业革命的新浪潮，并描绘一个人机共生、协作与冲突并存的新世界。

　　本书有助于提升人们对人形机器人产业的科学认知，提高相关人员的产业素养，可以作为产业经济领域相关学者和政府相关部门工作人员的参考书。

◆ 编　　著　王　晋　巫南克　杜　泽
　　责任编辑　刘盛平
　　责任印制　马振武

◆ 人民邮电出版社出版发行　　北京市丰台区成寿寺路 11 号
　　邮编　100164　电子邮件　315@ptpress.com.cn
　　网址　https://www.ptpress.com.cn
　　固安县铭成印刷有限公司印刷

◆ 开本：700×1000　1/16
　　印张：13　　　　　　　　　2025 年 7 月第 1 版
　　字数：219 千字　　　　　　2025 年 7 月河北第 1 次印刷

定价：69.80 元

读者服务热线：(010)81055410　印装质量热线：(010)81055316
反盗版热线：(010)81055315

在科技日新月异的今天，人类正站在一个前所未有的门槛前。随着人工智能、大数据、云计算等技术的飞速发展，一场以人形机器人为核心的新产业革命正悄然兴起。2024 年，被业界视为人形机器人量产元年。这些无不预示着未来社会结构的深刻变革和生产生活方式的颠覆性重塑。正是基于这样的时代背景，我们精心撰写了《颠覆式革命：人形机器人产业浪潮》一书，旨在全面剖析人形机器人产业的发展历程、发展现状、面临挑战与未来趋势，为读者揭示这一新兴产业的无限可能。

人形机器人，作为机器人领域的高端形态，其研发与应用不仅代表科技进步的先进水平，更是人类智慧与创造力的集中展现。近年来，随着关键技术的不断突破，人形机器人在工业与建筑、家庭服务、医疗护理、军事与救援等多个领域展现出广阔的应用前景，正逐步从科幻走进现实，从实验室走进人们的工作、生活场景，成为推动社会进步的重要力量。英伟达首席执行官黄仁勋甚至断言，100 年后大街上的人形机器人将随处可见，人形机器人将变得像如今的汽车一样普及。

目前，市面上关于机器人的图书品种丰富，但关于人形机器人的图书却极为少见，即便有，也多是关于人形机器人理论与技术方面的。鉴于此，我们深感有必要系统梳理人形机器人产业的发展脉络，分析其背后的技术驱动、市场潜力、政策导向及社会影响，以期为相关从业者、政策制定者及广大读者提供一份相对权威、全面、前瞻的参考指南。

本书共 4 篇，从多个维度深入剖析人形机器人产业的历史、现状，并展望未来。

第一篇"前世今生：人形机器人产业的历史与现状"，通过追溯人形机器人的诞生与演变历程，阐述人形机器人的独特优势及早期研究成果，详细介绍人形机器人的技术迭代演进，并对全球人形机器人产业进行大盘点，帮助读者建立对人形机器人产业的整体认知。

第二篇"谁主沉浮：人形机器人产业政策比拼"，聚焦全球主要国家在人形机器人产业上的政策布局与战略部署，深入分析各国政策导向、重点举措及发展趋势，揭示国际竞争的新格局与新动向。同时，本篇重点剖析我国人形机器人产业的国家战略部署，系统梳理国家层面的政策逻辑。本篇最后分析我国地方人形机器人产业政策，探讨不同地方如何结合自身特点推动人形机器人产业的发展。

第三篇"百变金刚：应用场景与行业影响"，围绕人形机器人在工业与建筑、家庭服务、医疗护理、军事与救援等主要应用场景的实践探索，分析其对相关行业的深刻影响与推动作用，同时探讨人形机器人发展带来的社会影响与劳动力市场结构的变化，剖析其对社会伦理的深层影响，阐述其可能面临的挑战。

第四篇"人机共生：人形机器人产业未来展望"，基于当前技术发展趋势与市场动态，预测人形机器人产业未来发展过程中的关键技术突破、产业规模增长、商业模式创新，生动勾勒人机共生新世界的美好图景，为读者描绘一幅激动人心的未来蓝图。

本书内容翔实，从多个角度全面剖析人形机器人产业的发展现状和存在的问题，为读者提供一个系统而完整的产业画卷。同时，鉴于人形机器人作为人工智能、高端制造、新材料等先进技术的集大成者，代表当前科技和产业发展的最新趋势，本书紧跟时代潮流，及时捕捉这一产业的最新动态，为读者提供前沿的知识和信息。

我们希望本书能够激发社会各界对人形机器人产业的关注与热情，促进技术交流与合作，推动产业健康、快速发展。同时，我们也期待本书能够成为相关政策制定者、科研人员、经管学者、企业家及广大爱好者了解人形机器人产业的重要窗口，为构建人机共生的和谐未来贡献一份力量。在探索与创新的道路上，我们将与读者携手并进，共同迎接人形机器人产业带来的颠覆式革命！

由于作者视野、学识有限，本书疏漏之处，敬请读者批评、指正。

王晋

2024 年 10 月于成都

目录
CONTENTS
....

03　第三篇
百变金刚：应用场景与行业影响

04　第四篇
人机共生：人形机器人产业未来展望

第一篇

前世今生：人形机器人产业的历史与现状

在人类孜孜不倦对科技进行探索的征途中，人形机器人无疑是一个充满魅力且极具挑战性的领域。作为科技与人文精神的融合体，人形机器人不仅承载着人类模仿生命、追求永恒的梦想，更是现代科技进步的璀璨结晶。在本篇中，我们将带领读者探索人形机器人的前世今生，从机器人的起源到人形机器人的智能化演进，深入剖析产业关键技术突破，并聚焦全球市场竞争格局，让读者全面感受科技进步为人类带来的无限可能。

第一章

人形机器人的诞生与演变

　　人形机器人是科技进步与人类历史的独特交汇点。在人类历史的长河中，人形机器人的概念一直激发着科学家和相关人员的想象力。人形机器人是现代科技的前沿成果之一，拥有令人惊叹的高度自动化和智能化能力。同时，它也承载着古老的梦想和传说，是古代神话和其他文学作品中常见的主题。人形机器人不仅仅是冷冰冰的金属和电路的集合体，还是人类模仿生命、追求永恒的象征，更是科技与人文精神的融合体。从古代的机械木偶到今天的高级仿生机器人，它们展现出人类创造力的无限可能，同时也引发人们关于人工智能（Artificial Intelligence，AI）与人类未来的深刻思考。

第一节　机器人的起源与迭代

要探究机器人的起源，首先让我们回到定义，思考什么是机器人？根据《现代汉语词典（第7版）》，机器人是一种自动机械，由计算机控制，能代替人做某些工作。另据维基百科，机器人（Robot）包括一切模拟人类行为或思想以及模拟其他生物的机械装置，如机器猫、机器狗等。1920年，捷克作家卡雷尔·恰佩克发表了科幻剧本《罗素姆万能机器人》。在剧本中，恰佩克把捷克语"Robota"写成了"Robot"（"Robota"的意思是苦力），这引起了人们广泛的关注，并被当作"机器人"一词的起源。尽管机器人的各种定义并不统一，但有一点是一致的，那就是机器人不一定具备人的外形或者像人。

一、古代机器人：从木牛流马到机器鸭

说起机器人，很多人一定会马上联想到现代高科技。其实，机器人年轻而古老，既极具科技感，又富有传奇色彩。在古希腊神话中，为保护克里特岛，火神与匠神赫菲斯托斯创造了巨大的青铜机器人。在印度传说中，阿阇世王利用机器人保卫圣物。

当然，机器人不只属于神话或传说，也是实实在在的物体。目前，有文字记载的机器人，可追溯至古代的自动装置和机械玩具。据《列子》记载，西周时期，我国的工匠偃师就研制出能歌善舞的"伶人"。"伶人"被认为是我国最早的机器人，这个机器人结构精细，五脏六腑俱全，几乎与真人一样。战国百家经典《墨子》里记载，春秋时期，著名工匠鲁班制造出一只木鸟，这只木鸟能在空中飞行数日。可见，机器人不一定像"人"，也可能像"鸟"，最重要的，它是一种自动机械装置。三国时期，蜀国丞相诸葛亮发明了"木牛流马"，并将其成功运用于军粮运送，支援前线战争，因此，诸葛亮也是一位机器人发明大师。

在遥远的西方，公元前400年左右的古希腊，有一位名叫阿契塔的工匠制造过机械鸽子，这是欧洲历史上已知的第一个自动机械装置。公元前2世纪，古希腊人在亚历山大时代发明了能动的雕像，该雕像以水、空气及蒸汽压力为动力，它可以自己开门，更为神奇的是，它还可以借助蒸汽唱出美妙的歌曲，可谓"歌星"机器

人。在欧洲文艺复兴时期，意大利著名科学家和艺术家达·芬奇设计了一款以木头、金属和皮革为外壳，以齿轮为驱动装置的机器人。它可以坐下和站立，头部和胳膊也可以进行相应的转动。后来，一群意大利科学家用了 15 年时间，根据达·芬奇留下来的设计草图制作了一款"机器武士"，如图 1-1 所示。

图1-1　根据达·芬奇的设计草图制作的"机器武士"

1738 年，一个叫杰克·戴·瓦克逊的法国天才技师发明了一只机器鸭，它不仅能发出"嘎嘎"的叫声，还会游泳，甚至还能吃喝拉撒，这些动作的完成依靠的是每侧翅膀内 400 多个移动零件。1770 年，美国科学家发明了一种报时鸟，一到整点，这种鸟的翅膀、头和喙便开始运动，同时发出叫声。在这个过程中，它的主弹簧驱动齿轮转动，带动凸轮转动，从而驱动翅膀和头运动，同时活塞压缩空气发出叫声。

二、现代机器人：从机械手到人形机器人

真正意义上的现代机器人概念与技术诞生于 20 世纪中叶。随着工业革命的深入和自动化技术的发展，人们开始构想并制造出能够执行简单任务的机械设备，这些设备可视为机器人的雏形。1947 年，美国阿贡国家实验室开发了遥控机械手；1948 年，该实验室又开发了机械式主从机械手。这些机械手能代替人处理放射性物质，在一定程度上把人从原子能实验室恶劣的工作环境中解放出来。

20 世纪后半叶，计算机科学的兴起为机器人技术带来了革命性的变化。机器人开始具备更为复杂的感知、学习和决策能力，能够在更广泛的领域中发挥

作用。从工业生产线上的自动化机器人，到太空探索中的无人驾驶航天器，再到医疗服务中的辅助机器人，机器人的应用领域不断拓展。1954 年，美国人乔治·德沃尔（George Devol）最早提出了工业机器人的概念，并申请了专利。在伺服技术的控制下，这个时期的机器人的关节根据人手进行的动作示范，实现了动作的记录和再现，也就是能模仿人手的某些简单动作。这种"示教再现"的方式成为后续控制工业机器人的一种重要方式。这种方式使得机器人能够执行一些简单的、重复性的任务，大大提高了生产效率和自动化水平。

1958 年，被誉为"工业机器人之父"的约瑟夫·弗雷德里克·恩格尔伯格（Joseph Frederick Engelberger）创建了世界上第一个机器人公司——Unimation 公司。1959 年，恩格尔伯格与德沃尔联手制造出全球首台工业机器人——Unimate，如图 1-2 所示。这台机器人以五轴液压驱动，其手臂动作通过计算机精确控制。值得一提的是，该机器人运用了先进的分离式固体数控元件，并配备了能存储信息的磁鼓。这使得机器人能记住并执行 100 多个工作步骤，这台机器人主要用于压铸。恩格尔伯格和德沃尔制造的全球首台工业机器人无疑是一项革命性的技术创新，该机器人使用计算机来控制手臂动作，这在当时是非常先进的技术，是这项技术创新的一个亮点。计算机控制确保了机器人动作的精确性和可重复性，大大提高了工作效率和质量。采用分离式固体数控元件是这项技术创新的另一个亮点。这种设计使得机器人的控制系统更加稳定和可靠，同时也为后续的机器人技术发展奠定了基础。此外，能存储信息的磁鼓是这项技术创新的又一个亮点，这极大地增强了机器人的自主工作能力和适应性。

图1-2　工业机器人——Unimate

1968 年，人工智能与机器人技术融合的里程碑诞生了——斯坦福国际研究所成功研制出名为 Shakey 的移动机器人。作为全球首台拥有人工智能特质的移动机器人，Shakey 不仅具备自主感知能力，还能执行环境建模、行为规划等高级任务，为机器人技术的发展揭开了新篇章。该机器人配备电视摄像机、三角法测距仪、碰撞传感器、驱动电机以及编码器等硬件设备，并由两台计算机通过无线电通信系统进行控制。当然，这台机器人的缺点也很明显，受限于计算能力，需要有很大的机房用于支持其功能运算，而 Shakey 规划行动路径也常常要耗费数小时之久。

如果认为美国在现代机器人发明方面功不可没，那么日本则在将机器人推进到实用阶段作出了突出贡献。1968 年，日本川崎重工业株式会社从美国引进技术，通过模仿学习，于 1969 年试制出第一台日本国产工业机器人 Unimate。20 世纪 70 年代，日本工业机器人迅速普及，工业机器人年产量从 1970 年的 1350 台猛增至 1980 年的 19 843 台，年增长率约为 30.8%。1980 年，这个被称为"日本机器人普及元年"的重要时间点，日本开始在各个领域推广并使用机器人，在缓解国内劳动力严重短缺的问题方面起到了重大作用。1986 年，日本国内的工业机器人保有量约为 10 万台，日本已经成为名副其实的"机器人王国"。

总之，随着技术的不断进步，机器人的形态和功能也不断迭代。从最初的简单机械手，到后来的轮式移动机器人，再到如今能够模拟人类运动的人形机器人，机器人的形态越来越接近人类，功能也越来越强大。最早的机器人通常只是一些简单的机械手，用于执行重复性的任务，例如在工厂中进行焊接、装配或搬运。这些机器人通常缺乏智能和自主性，只能执行预先编写的指令。随着技术的发展，机器人开始具备移动能力。轮式移动机器人可以在工厂、仓库、医院等环境中自由移动，执行各种任务。它们通常配备传感器，可以避免碰撞障碍物并自主导航。现代人形机器人的设计受到人类生物学的启发，它们具有类似于人类的外形和运动能力，这些机器人通常用于协助人类。因为后面还要专门介绍人形机器人，这里不赘述。

第二节　人类中心主义与人形机器人的优势

人类中心主义深刻影响了科技的发展方向。人形机器人作为机器人技术的重要突破，正是这种主义的体现。它们不仅在外观与行为上高度模仿人类，更在交互体验、情感表达及广泛应用上展现出巨大优势。人形机器人不仅是高科技的结晶，更是未来社会的重要参与者，其发展水平成为衡量国家科技实力的重要指标。本节将深入探讨人类中心主义与人形机器人的紧密联系，分析人形机器人的独特优势及其对社会的深远影响。

一、人类中心主义

人形机器人是机器人发展的重要方向。在机器人的发展历史中，人类对人形机器人的研制似乎情有独钟。研制与人类外观类似，具备与人类类似的行为、智力和情感，甚至能与人类交流的人形机器人一直是人类长久以来的梦想。有学者甚至将人形机器人视为机器人学、机器人技术以及人工智能的终极研究目标。为何人类青睐人形机器人的研制呢？这与人类中心主义密切相关。

在探讨人类中心主义与人形机器人的优势时，我们首先要明确人类中心主义的定义。人类中心主义是一种观点或实践，其认为人类是宇宙的中心，强调了人类的独特性和创造性，人类的需求和利益应该被置于其他生物或事物之上。我们现在生活的这个世界是一个被人改造的世界，是适宜人类生活的世界。

而人形机器人，作为人工智能和机器人技术的结晶，是模仿人类形态和行为的机器人，它相对于其他形状的机器人具有更好的适配性，能更好地服务于人类。试想，我们周围的一切都是为人量身打造的，如何让机器人更好地服务于人类呢？最好的做法之一是，将机器人研制成具有类似于人类体貌特征的人形机器人，而不是为机器人专门创造另外一个生存环境。

二、为什么是人形机器人

为满足人类多样化的需求，人形机器人被设计成各种形态。人形机器人根据其形态不同可以分为轮式、足式和全能型 3 种。轮式人形机器人结合了轮式驱动、协作机械手和灵巧手，不仅注重移动能力，还突出了触觉传感器与灵巧手的协同操作能力；足式人形机器人则主要侧重于腿部的运动功能，其手部更多用于保持平衡；全能型人形机器人则配备了双足、双臂、双手，具有多种感知能力，并融合了人工智能技术，凭借全面的软硬件基础，能够在开放环境中完成多项任务。人形机器人在设计之初就融入了人类中心主义的思想，这不仅赋予了它们高度的类人特征，还使它们在多个方面展现出了独特的优势。人形机器人的具体优势有以下几点。

1. 外形与行为设计上的亲和力

人形机器人在外形与行为设计上模仿人类，其中外形上具有手部、足部、头部和躯干等，这种设计使得人们容易对人形机器人产生视觉上的好感、亲近感，并能够满足人们的情感认同。人形机器人具备灵活的关节和运动能力，可以模拟人类的运动方式，如行走、跑步、抓取物品等。这种灵活性使得人形机器人能够在与人类互动时更加自然和流畅，增强了其亲和力。它们与人类的接近程度越高，被接受和认可的程度就越高。

2. 交互体验的自然与流畅

人形机器人在交互方面展现出了出色的能力。通过结合自然语言处理和计算机视觉等技术，它们能够更好地理解人类的语言和行为，预测人类的意图。人类可以与它们进行自然而流畅的对话。它们可以回答人类的问题，给人类提供帮助和建议。这种交互方式使得人类与人形机器人的互动更加真实和令人愉悦，人类会觉得它们就像与自己平等对话的朋友。

3. 情感表达的真实与丰富

人形机器人在情感表达方面也展现出了独特的魅力。通过面部表情（如微笑、皱眉或眨眼）、肢体语言（如挥手打招呼、点头表示同意）等方式，它们能够表达丰富的情感。此外，人工智能生成内容（Artificial Intelligence Generated Content，AIGC）技术的支持，能进一步优化它们的情感表达的真实性和丰富度。这使得人形机器人能够更好地理解人们的情感需求，为人们提供精准的情感支持和陪伴。

4. 广泛的应用场景

人形机器人的应用场景非常广泛，包括服务、医疗、教育、制造等多个领域。在服务领域，它们可以提供餐厅服务、酒店接待、景点讲解等服务；在医疗领域，它们可以协助医护人员进行手术、照顾病人等；在教育领域，它们可以帮助学生学习编程、外语、数学等，提供个性化的辅导和互动；在制造领域，它们可以执行重复性任务、提高生产效率。这些应用场景使得人们能够在各种情况下与人形机器人进行互动，进一步增强了人们对它们的喜爱和依赖。

此外，人形机器人还可以提高人类社会的包容性。通过为身体能力受限人士提供服务，人形机器人可以帮助他们更好地融入社会，提高他们的生活质量，促进社会的包容与和谐。

从技术层面看，人形机器人的通用性要求很高，是尖端技术的集大成者。有学者评价，人形机器人是少有的高阶、非线性、非完整约束的多自由度系统，是一个用于研究各种新理论和新方法的非常理想的实验平台。人形机器人集机械、电子、计算机、材料、传感器、控制技术等多门学科于一体，代表一个国家的高科技发展水平。2022 年《福布斯》全球亿万富豪榜榜首、特斯拉创始人埃隆·马斯克甚至表示，未来人形机器人将成为工业的主力，其数量有望超越人类。

中华人民共和国工业和信息化部（以下简称"工信部"）印发的《人形机器人创新发展指导意见》也明确指出，人形机器人集成人工智能、高端制造、新材料等先进技术，有望成为继计算机、智能手机、新能源汽车后的颠覆性产品。随着技术的不断进步和应用场景的不断拓展，相信人形机器人将会在未来发挥更加重要的作用，并受到更多人的喜爱和追捧。人形机器人将成为人类生产生活的重要参与者，并进一步成为衡量一国科技实力和国力水平的重要指标。

通过对人类中心主义与人形机器人优势的深入探讨，我们不难发现，这两者之间存在深刻而紧密的联系。人类中心主义作为一种长期影响科技发展方向的价值观，在人形机器人的研制中得到了淋漓尽致的体现。人形机器人不仅是技术创新的集大成者，更是未来社会不可或缺的重要参与者。

第三节 人形机器人的早期研究

人形机器人作为机器人的一个重要分支，其发展历程充满了探索与挑战。本节将深入探讨人形机器人的早期研究情况，从概念起源到技术突破，逐步展现这一领域如何从科幻逐渐走向现实。我们将回顾人形机器人研究的序幕如何被揭开，分析早期人形机器人在控制系统、感知能力和机械结构设计等方面的技术特征。通过学习这些内容，读者不仅能够理解人形机器人技术的早期发展历程，还能从中洞察未来技术创新的趋势与方向。

一、概念与序幕

人形机器人（Android），又称仿人机器人，是一种旨在模仿人类外观和行为的机器人（大多数机器人其实并不像人），特指具有和人类相似肌体的种类。Android 一词，由希腊语词根 andro-（人、男性）和后缀 -oid（形似的）组合而来。长期以来，人形机器人的概念还主要停留在以电影、电视剧、漫画、小说等为载体的科幻领域。由于词根"andro-"具有男性的意思，一些作品中将女性 Android 称为 Gynoid 以示区别。

人形机器人的早期研究可以追溯到 20 世纪 60 年代，当时科学家们和工程师们开始探索如何设计和制造能够模仿人类行为的机器人。1968 年，美国通用电气公司的研究者试制了一台名叫 Rig 的操纵型二足步行机构，从而揭开了仿人机器人研究的序幕。这一领域的研究主要集中在控制系统、感知能力和机械结构设计等方面，旨在实现人形机器人的基本行走、抓取和操作等功能。在早期，人形机器人的研究受到了技术水平和资金的限制，进展相对缓慢。然而，随着技术水平的不断进步和资金的逐步投入，人形机器人的研究逐渐取得了突破性的进展。

二、领先的日本

日本在人形机器人研究方面一直处于领先地位。自早稻田大学的加藤一郎教授于 1967 年启动 WABOT 项目起，该国在人形机器人领域的研究便持续取得突破。

1967 年，早稻田大学的加藤一郎教授在加藤实验室启动了极具影响力的 WABOT 项目，1973 年，该实验室成功研制出世界上第一个全尺寸人形"智能"机器人——WABOT-1。这个机器人能够实现双足步行，可以进行简单的语言交互和动作展示，它的诞生是人形机器人从理论走向实践的重要一步。1984 年，加藤实验室又研制出 WL-10RD 仿人机器人（见图 1-3），该机器人采用踝关节力矩控制。随后，本田公司也开始了对人形机器人的研究。1986 年至 1993 年，本田公司接连开发了 E0 到 E6 等 7 种行走机器人，这些机器人主要用于研究行走功能和机械结构的优化。这些早期研究为人形机器人的发展奠定了坚实的基础。

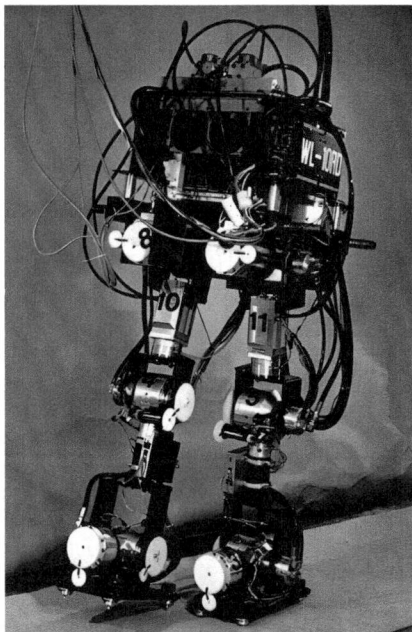

图1-3　WL-10RD仿人机器人

　　这些早期研究不仅为日本在人形机器人领域奠定了领先的地位，同时也为全球人形机器人的发展作出了重要贡献。时至今日，日本依然在该领域保持领先的技术水平和创新能力。

三、中国的追赶

　　我国在仿人机器人研究方面起步较晚，直到20世纪80年代中期才开始研究双足步行机器人，但研究进度较快，也取得了很多成果。在我国人形机器人研究的早期阶段，高校和科研院所扮演了至关重要的角色，是推动我国人形机器人产业发展的核心动力。国防科技大学、哈尔滨工业大学、清华大学、北京理工大学、浙江大学以及中国科学院自动化研究所等高等学校和科研院所，均取得了显著的研究成果。

　　1988年2月，国防科技大学在国家高技术研究发展计划（简称863计划）、国家自然科学基金委员会以及湖南省政府的资助下，在机器人技术方面取得了重大突破，成功研发出一款创新的六关节平面运动双足步行机器人。这款双足步行机器人的成功研发，标志我国在机器人技术领域迈出了重要的一步。6个关节的设计使得机器人能够在平面内进行更为复杂和灵活的运动，这对于后续机器人技术的发展具有重要意义。

在此基础上，通过继续深入研究，国防科技大学于 1990 年相继推出了具有 10 个和 12 个关节的三维空间运动机器人系统。这些机器人系统能够模仿人类的基本行走功能，包括前进、后退、左右移动、转弯、上下台阶、爬坡以及越过障碍等。从六关节平面运动双足步行机器人发展到具有 10 个和 12 个关节的三维空间运动机器人系统，这表明国防科技大学在机器人技术方面取得了显著的进步，更多的关节意味着机器人能够在更多维度上进行运动，从而实现更复杂的动作。

2000 年 11 月，经过十多年的不懈努力，国防科技大学成功打造了我国首个人形机器人——"先行者"（见图 1-4），这标志着我国机器人技术的重大飞跃。"先行者"不仅拥有类似人类的外形（它有与人类相似的头部、眼睛、双臂和双脚），还具备基本的语言交流能力，并且能够进行动态步行。

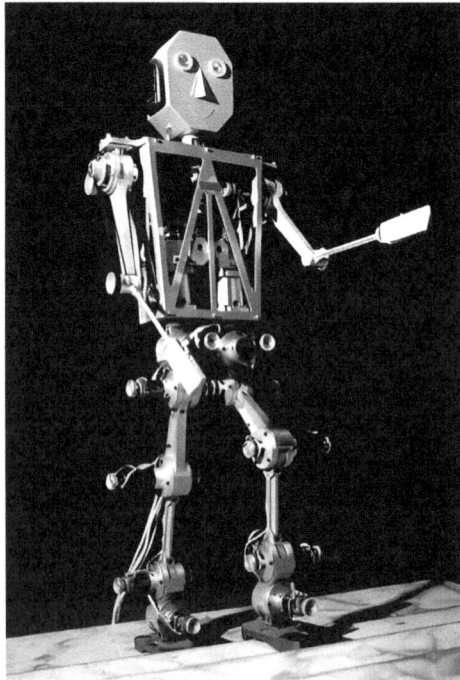

图1-4　"先行者"人形机器人

四、早期的技术特征

从大的技术体系看，在控制系统方面，早期的人形机器人主要依赖预设的程序和简单的传感器进行控制和决策。这些程序往往是基于特定的环境和操作条件设计的，因此在面对复杂多变的现实环境时，它们的应对能力显得相对有限。除了预设的程序，早期的人形机器人还配备了简单的传感器，这些传感器能够检测环境中的基本变化，如接触、声音或光线的变化。不过，这些传感器的功能相对单一，收集的信息也较为有限，无法为机器人提供全面的环境感知能力。随着计算机技术的不断进步和传感器技术的发展，人形机器人的控制系统逐渐变得复杂和智能化。研究者们开始采用更加先进的控制算法和传感器融合技术，使机器人能够更好地适应环境和执行任务。

在感知能力方面，早期的人形机器人主要通过摄像头和简单的传感器来获取环境信息。首先，摄像头作为人形机器人的"眼睛"，提供了基本的视觉感知能力。然而，早期的摄像头往往分辨率较低，色彩处理能力有限，而且缺乏现代计算机视觉技术中常见的深度感知和物体识别功能。这意味着机器人只能捕捉到环境的基本图像，无法对图像中的物体进行精确识别和分类。除了摄像头，早期的人形机器人还配备了各种简单的传感器，如触觉传感器、声音传感器和光线传感器等。这些传感器能够帮助机器人感知到环境中的物理变化，如物体的接触与否、声音的强弱和光线的明暗等。当然，这些传感器的感知范围有限，而且只能提供单一类型的信息。因此，机器人在理解和响应环境变化时，常常需要依赖多个传感器协同工作，并进行复杂的计算和分析。随着计算机视觉、深度学习等技术的发展，人形机器人的感知能力得到了显著提升，能够更好地理解环境和与人类进行交互。

在机械结构设计方面，早期的人形机器人研究重点之一是如何设计出类似人类的机械结构。这包括如何模仿人类骨骼和关节系统的运动机制，以及如何平衡重心和稳定步态。人类骨骼和关节系统是运动能力的基础，早期研究者尝试通过机械手段模仿这一系统的运动机制。例如，使用电动马达和液压系统来模仿人类骨骼和关节系统的运动机制。这些尝试帮助研究者理解了人体运动的基本原理，并将这些原理应用于机器人的设计中。这些尝试为后来设计更高级的机器人提供了基础，使得机器人能够进行更复杂的动作，如跑跳和爬楼梯。

总之，人形机器人的早期研究主要集中在控制系统、感知能力和机械结构设计等方面，通过不断的技术创新和改进，逐步实现了机器人的基本功能和动作。这些早期研究为人形机器人的后续发展奠定了坚实的基础，并为后续的研究和应用提供了重要的参考和借鉴。

在人形机器人的发展历程中，其早期研究标志着机器人技术的重大飞跃，是科技史上的重要里程碑，反映了人类对"类人"的持续探索。这一时期的研究不仅是技术突破，还体现了人类中心主义在科技中的实践，预示人机互动新时代的到来。

第四节　人形机器人的技术迭代演进

人形机器人的技术迭代演进是一个漫长而复杂的过程。人形机器人的发展历程可追溯到 15 世纪的达·芬奇时代，但现代意义上对人形机器人的研制则始于 20 世纪 60 年代。通过梳理相关文献，我们可以得出现代人形机器人的技术迭代演进大致经历了 4 个阶段，分别是全尺寸机初步行走阶段、系统高度集成阶段、强复合运动能力突破阶段和产业化落地阶段。

一、全尺寸机初步行走阶段

全尺寸机初步行走阶段的人形机器人以 1973 年日本早稻田大学研制出的 WABOT-1（见图 1-5）为代表。1972 年，机器人学者武科布拉托维奇（Vukobratovic）等提出了零力矩点（Zero Moment Piont，ZMP）的概念，并研究了基于零力矩点的双足步行控制方法，为双足稳定行动提供了重要理论基础。WABOT-1 之所以叫全尺寸人形机器人，是因为 WABOT-1 不仅"四肢"健全，还装配齐全。"他"高大威猛，高约 2 米，重达 160 千克，拥有仿人双手和双腿，全身共 26 个关节，配备视觉系统、语音交互系统和肢体控制系统，胸部装有两个摄像头，手部装有触觉传感器。重要的是，该机器人实现了双足行走，尽管其运动能力仅相当于一岁多的婴儿，但其标志人类已初步实现全尺寸人形机器人双足行走，意义非凡。WABOT-1 的主要创造者加藤一郎也因此获得"世界仿人机器人之父"的美誉。在这个阶段，人形机器人主要实现了简单的结构驱动，是机器人技术从理论走向实践的初步尝试。虽然这些机器人功能简单，但它们为后续的技术发展奠定了基础。

图1-5 WABOT-1人形机器人

二、系统高度集成阶段

系统高度集成阶段的人形机器人以由本田公司研发的人形机器人等为代表。随着计算机技术和传感器技术的快速发展，人形机器人在系统集成和智能化方面取得了显著进步。机器人系统集成是一个全面融合各种与机器人紧密相关的技术、设备和软件的综合性过程。在此过程中，研发者需细致考量机器人的多个维度的特性，包括其机械构造的合理性、电机控制的精准性、传感器感知的敏锐性以及软件算法的高效性。高精度谐波传动高性能交／直流伺服电机与驱动控制技术的发展，以及高档单片机、直流伺服驱动控制器与产品、网络、铝／镁合金轻质材料铸造等技术的发展，使质量轻、整体刚度好的仿人机器人集成化设计与制造成为可能。日本本田公司在 2000 年推出了人形机器人 ASIMO（见图 1-6），第一代 ASIMO 可实现 26 自由度，它不仅实现了连续动态行走，达到每小时 0～9 千米的行走速度，还具备预测下一个动作并提前改变自身重心的能力，从而实现实时调整步幅、行走速度，以及绕过障碍物等功能。此外，人形机器人在人机交互、语音识别、图像识别等方面也取得了重要突破，能够更好地适应复杂环境和任务需求。这些功能的实现依赖于机器人技术的高度集成化，包括感知、决策、执行等多个方面的技术进步，展示了机器人技术在实用性方面的巨大进步，并为机器人技术的广泛应用奠定了基础。

图1-6　ASIMO机器人

三、强复合运动能力突破阶段

强复合运动能力突破阶段的人形机器人的突出代表为由美国波士顿动力公司开发的机器人Atlas。在古希腊神话里，Atlas是撑起了天空的泰坦巨神。Atlas机器人以卓越的运动能力著称。2009年，Atlas原型机问世，2013年，第一代Atlas公开亮相（见图1-7）。Atlas身高约1.8米，体重约150千克，身体由铝制材料和碳纤维复合材料构成，是一种全地形人形机器人。Atlas可在复杂障碍环境条件下做出翻滚、小跑、跳跃、三级跳等一系列高难度动作，是一位十足的"跑酷达人"。Atlas采用了先进的液压驱动电液混合系统，该系统融合了光学雷达、激光测距仪以及飞行时间（Time of Flight，TOF）深度传感器等多种尖端设备的功能。经过数次精心优化，现今的Atlas借助三原色（Red Green Blue，RGB）摄像头与TOF深度传感器实时捕获环境数据，并凭借模型预测控制器技术，实现对动作的精准追踪、力量分配以及姿态调整的优化。这些功能的实现依赖于机器人技术的智能化和自主化程度的提高，以及深度学习、计算机视觉等先进技术的应用，展示了机器人技术在智能化和自主化方面的巨大成就，并预示机器人技术将在未来发挥更加重要的作用。

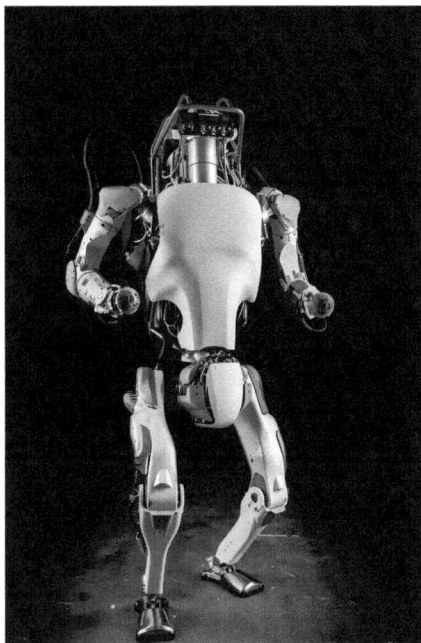

图1-7　Atlas机器人

四、产业化落地阶段

如今，虽然特斯拉汽车和马斯克可谓声名远播，但很多人并不知道，特斯拉的机器人也很厉害。特斯拉推出的Optimus机器人无疑是目前人形机器人领域的佼佼者。用马斯克的话说，自动驾驶的本质其实就是机器人。Optimus之所以引人注目，不仅在于它精准的动作控制、出色的导航能力，以及能够基于人类动作范例进行高效的模仿学习，更在于它与特斯拉的自动驾驶汽车之间深厚的技术纽带。Optimus与特斯拉的自动驾驶汽车共享相同的"神经网络"，二者均搭载了前沿的完全自动驾驶（Full Self-Driving，FSD）系统。该系统集成了先进的传感器、高性能的计算机、尖端的人工智能技术和算法，以及详尽的导航和地图数据，使得自动驾驶汽车和机器人都能在各种环境中实现精准感知、快速决策和高效行动。特斯拉凭借其在汽车领域深厚的技术积累、强大的品牌影响力和广泛的市场布局，将汽车技术的通用性能力，特别是数据和技术开发方面的突破，成功迁移至Optimus机器人上。从长远来看，这种数据和技术的迁移有望大幅降低人形机器人的制造成本，推动该领域的快速发展。目前，产业化落地阶段尚处于发展前期，人形机器人的产业化落地是一个长期的过程。

　　归纳来说，人形机器人的技术迭代演进是一个充满创新与突破的过程，涉及多个学科领域的交叉融合。从人形机器人发展过程可以清晰看出，该领域一直朝着高度集成、感知环境、运动自如、精细操作、产业量化的方向迈进。每个阶段都有其独特的技术特点和意义，都为人形机器人的进一步发展和应用奠定了基础。我们有望在未来看到更加先进和智能的人形机器人，它们将为人类带来更多的便利。

第二章

人形机器人产业革命的前夜

随着传感器技术、运动控制技术和新型轻质高强度材料的飞速发展，人形机器人逐渐从科幻电影中走出来，在现实生活中扮演重要角色。人形机器人产业将迎来一场前所未有的革命。本章将深入探讨人形机器人产业关键技术的突破、大模型技术的赋能、新质生产力的引领，并进行全球产业的大盘点，全面揭示人形机器人产业的现状。

第一节 传感器技术、运动控制技术 和新型轻质高强度材料

传感器技术、运动控制技术和新型轻质高强度材料是人形机器人产业的三大基石。传感器技术的进步赋予了机器人敏锐的"感觉器官"，运动控制技术的创新则让动作更加自然，新型轻质高强度材料的应用则带来了更高的灵活性。本节将详细剖析这些关键技术和新型轻质高强度材料的新进展，以及它们如何推动产业发展。

一、传感器技术进步带来的驱动

传感器技术的进步是人形机器人发展的重要驱动力之一。机器人的感知系统通常由多种传感器组成，感知系统如果没有传感器，就相当于人失去了眼睛、鼻子等感觉器官。这些微小的装置，虽然不起眼，却拥有改变机器人感知世界方式的巨大力量。

根据研究，在人类感觉器官所摄取的外界信息中，视觉信息占的比例（约70%）最大，因而随着仿人机器人的进一步发展，可以预见用于摄取视觉信息的视觉传感器将成为越来越重要的传感器。以视觉传感器（见图2-1）为例，现代的人形机器人已经配备了高分辨率、高动态范围的摄像头，它们能够捕捉到细微的图像信息，甚至能轻松应对夜间的暗光环境。这样的技术让机器人具备类似人类眼睛的功能，能够识别物体、跟踪目标，甚至进行人脸识别和表情分析，从而与人进行更加自然、直观的交流。

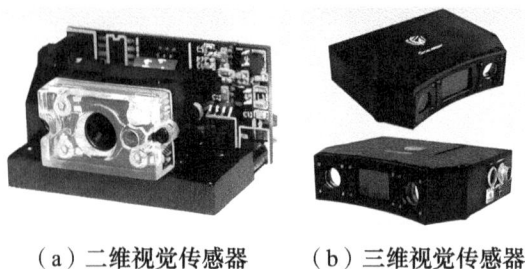

（a）二维视觉传感器　　　（b）三维视觉传感器

图2-1　视觉传感器

触觉传感器的发展同样令人瞩目。通过安装在机器人皮肤上的压力、温度、湿度等多种触觉传感器，人形机器人能够感知到物体的硬度、温度、湿滑程度等属性，从而更准确地判断物体的性质和状态。这种感知能力使得机器人在执行抓取、搬运等任务时更加得心应手，大大提高了工作效率和安全性。

听觉传感器的发展也为人形机器人带来了革命性的变化。现在的机器人已经能够识别并理解人类的语言。通过语音识别技术，机器人能够听懂人们的指令、回答问题，甚至参与对话。这种交互方式使得机器人不再是冷冰冰的机器，而是能够与人类进行情感交流的伙伴。

这些传感器技术的进步，使人形机器人能够更精准地感知外部环境，从而实现更高效的人机交互。无论是工业生产线的自动化操作，还是家庭生活的智能服务，人形机器人都能够凭借其强大的感知能力，为人类带来更加便捷、舒适的工作和生活体验。同时，这些技术的进步也为人形机器人产业的未来发展奠定了坚实的基础，预示人形机器人将在更多领域发挥重要作用。

二、运动控制技术创新带来的变革

机器人的控制系统比普通的控制系统复杂，它是一个与运动学和动力学原理密切相关的、有耦合的、非线性的多变量控制系统。运动控制技术对人形机器人至关重要，它是实现机器人平稳、自然运动的核心，也是人形机器人能够在人类环境中有效工作的基础，直接影响到机器人的性能和应用范围。运动控制技术的创新为人形机器人带来了革命性的变革，极大地提高了机器人的互动性和实用性。具体来说，这种创新体现在以下几个方面。

1. 动作流畅性与自然性

随着运动控制技术的不断创新，人形机器人的动作变得更加流畅和自然。先进的伺服电机和精确的控制算法使得机器人能够模拟人类的复杂动作，比如演奏等，这不仅增强了机器人的表现力，也使其在与人类互动时显得更加亲切和自然。

2. 复杂动作序列的执行能力

复杂动作序列的执行能力是现代人形机器人技术的一个重要里程碑。凭借先进的伺服电机和精确的控制算法，人形机器人现在能够执行复杂动作序列。例如，机器人可以完成一系列连贯的舞蹈动作或进行精细的操作，这显示了它们在运动控制方面的高灵活性。

3. 平衡与精确度的保持

在执行动作的过程中，机器人需要保持平衡与精确度，以确保动作的稳定性和准确性。运动控制技术的创新使得机器人能够更好地进行姿态调整和动作校正，从而在各种环境下都能保持稳定的性能。例如，以卓越的运动能力和灵活性而闻名的 Atlas 机器人，就是因其具有先进的动态稳定控制算法，能够在不平整的地面上行走、跑步，甚至执行后空翻等高难度动作，显示出出色的平衡控制能力。

4. 类似人类的协调能力

人形机器人通过模拟人类的动作和协调能力，在执行任务时更加高效和自如。这种协调能力不仅体现在机器人的整体运动上，还体现在机器人各个关节和部件之间的协同工作上。

运动控制技术的显著进步，无疑为人形机器人领域带来了前所未有的变革。这一技术的创新，不仅显著提升了机器人的运动灵活性，更在机器人的互动性和实用性上实现了质的飞跃。如今，人形机器人能够更自然地模拟人类动作，流畅地完成各种复杂任务，无论是精细操作还是大范围移动，都展现出前所未有的能力。这不仅让机器人更加贴近人类生活，还在多个领域（如医疗、服务、教育等）大大扩展了它们的应用范围。可以认为，运动控制技术的创新，正推动着人形机器人逐步成为我们日常生活中不可或缺的伙伴与助手。

三、新型轻质高强度材料应用带来的优势

同时，新型轻质高强度材料在人形机器人领域的应用，带来了诸多显著的优势。有学者预言：未来，大量新型轻质高强度材料的应用将改变机器人的结构和形态，使机器人变得更加柔软、灵活。这些材料不仅降低了人形机器人的成本，更在提升其性能方面发挥了关键作用，使得机器人在执行任务时展现出更高的灵活性和耐用性。

1. 成本降低

新型轻质高强度材料（如碳纤维和特种合金），相较于传统的重型材料，具有更高的性价比。它们的轻量化和高强度特性意味着可以使用更少的材料来达到相同的结构强度，从而降低了材料成本。此外，这些材料的加工和制造成本也相对较低，进一步降低了人形机器人的总体成本。

2. 重量减轻与灵活性提升

碳纤维和特种合金等新型轻质高强度材料的引入，显著减轻了人形机器人的重量。这不仅使得机器人在运动过程中更加轻盈，还降低了能源消耗，提高了运行效率。更轻的重量也意味着机器人能够更快速地做出反应，提升了其灵活性，这对于执行复杂任务或在狭小空间内进行操作至关重要。

3. 结构稳定性和耐久性增强

新型轻质高强度材料不仅轻而坚固，还具有优异的结构稳定性和耐久性。这使得人形机器人在面对恶劣环境或高负荷工作时，仍能保持结构的完整和性能的稳定。例如，在深海或太空等极端环境中，这些材料能够使机器人适应巨大的压力和温度变化，确保机器人能够正常运作。

此外，这些关键技术的结合和相互促进，为人形机器人的发展提供了新的可能性。传感器技术的进步提供了更多的数据输入，运动控制技术的创新使得这些数据能够被更加有效地转化为动作，而新型轻质高强度材料的应用则确保了这些动作可以在各种环境中稳定地执行。而三者的结合，使得人形机器人不仅在工业生产中，也在日常生活中，开始扮演越来越重要的角色。

四、人形机器人面临四大技术挑战

尽管人形机器人在传感器技术、运动控制技术、新型轻质高强度材料等方面都取得重要进步，但当前还有一些技术挑战需要克服，主要体现在以下 4 个方面。

1. 智能博学的大脑

人形机器人真正的"灵魂"在于智能行为和决策能力，这决定了其应用的广度和深度。为了实现智能博学的大脑，需要搭建强大的计算平台以支持复杂的算法和大规模数据处理。同时，集成先进的人工智能算法（如深度学习、强化学习等）是实现自主学习、决策和推理的关键。此外，丰富的知识库和强大的推理能力也是机器人在复杂环境中做出正确决策的基础。尽管目前大模型在提升人形机器人智能方面确实具有显著作用，但也存在数据训练、能源消耗、硬件保障等方面的局限性，这使得大多数人形机器人更像机器，而不像真人。

2. 协调流畅的小脑

为了实现人形机器人协调流畅的运动，人类需要关注复杂动作规划算法、实时反馈机制、自适应控制算法以及协同工作能力。强大的复杂动作规划算法能让机器人根据环境和任务需求实时生成最优动作路径。高效的实时反馈机制和自适应控制算法则能确保动作的准确性和稳定性。同时，提升机器人的协同工作能力也是实现与外部环境高效互动的关键。

3. 强大敏感的神经

人形机器人的神经系统的主要任务是感知外部环境并对数据进行处理，以支持智能决策的制定。可以认为，人形机器人的感知系统是其实现自主导航、环境感知和任务执行的基础。为了优化这一系统，我们需要解决多传感器融合的问题，实现全方位的环境感知。同时，提高实时数据处理能力和环境适应性是优化这一系统的关键，这样可以确保机器人在各种环境下都能准确感知并做出快速响应。随着传感器数量的持续增长，如何进一步提升传感器数据的实时性与准确性，并实现数据的高效整合与处理，已成为当前研究和探索的新焦点。

4. 稳健灵活的四肢

为了实现人形机器人在各种环境中的自由移动和任务执行，我们需要发展高精度伺服驱动器，以确保机器人四肢的精确运动。同时，新型轻质高强度材料的应用是确保精确运动的关键，它们能减轻机器人重量，提高其承载能力和运动稳定性。此外，动态平衡控制算法的精确性对机器人的稳定性和运动性能至关重要。

这些技术挑战不仅要求人类在算法设计、数据处理、材料科学、传感器技术等多方面进行持续的创新和突破，还要求人类面对并消除数据训练、能源消耗、硬件保障等方面的局限性。这也意味着人形机器人产业还有广阔的发展空间和创新动力。随着技术的不断突破和成熟，人形机器人有望在更多领域发挥重要作用，带来巨大的经济效益和社会效益。

第二节　大模型技术引发人形机器人产业热潮

尽管人形机器人面临诸多技术挑战，但大模型的横空出世，无疑为人形机器人产业带来了新的强大动能，推动人形机器人加速"进化"。ChatGPT 的成功，展示了大模型技术的强大能力。这些技术被广泛应用于人形机器人的核心功能，提升了其智能化水平。本节将深入探讨大模型技术如何引发人形机器人产业热潮，以及该技术在这一产业的创新实践。

一、ChatGPT横空出世

2022 年 11 月，由美国人工智能研究公司 OpenAI 开发的基于大模型技术的一种聊天机器人程序 ChatGPT 上线，仅 2 个月，ChatGPT 的用户数就超过 1 亿，成为史上用户数增长速度最快的消费级应用程序。ChatGPT 的横空出世使 AI 行业再次备受关注。随着人工智能技术的飞速发展，大模型技术以其强大的数据处理和学习能力赋能千行百业，成为推动人形机器人产业向前迈进的关键因素。这一技术的崛起，不仅为人形机器人产业的发展提供了新的动力，更在全球范围内引发了一场人形机器人产业热潮。

2024 年 2 月，OpenAI 发布了 Sora，这一具有创新性的大模型迅速引发了全球范围内的关注并且广受赞誉。科技界的知名人士如马斯克、周鸿祎等，都对其赞不绝口，使得 Sora 的热潮迅速蔓延至全世界。正当人们还在为这一技术突破而惊叹，感慨"未来已来"时，Anthropic 公司又带来了新的震撼。Anthropic 公司宣布 Claude-3 正式发布，并且 Claude-3 在 AI 逻辑基准测试中展现出了超越 ChatGPT-4 的实力。这一消息无疑在全球 AI 行业掀起了新的波澜。与此同时，科技界知名公司和团队如谷歌公司和马斯克旗下的 xAI 团队，也加入了"开源大战"。谷歌公司推出了 Gemma，而 xAI 团队则推出了 Grok。这两个大模型的推出，加剧了 AI 大模型领域的竞争。然而，这种竞争并非简单的对抗，而是推动了整个行业的进步和创新。

在国内，AI 大模型的发展也呈现出了蓬勃的态势。以百度为代表的国内企业，在大模型领域取得了显著的成果。截至 2024 年 6 月，百度的文心一言累计用户规模已达 3 亿，截至 2024 年 8 月，其日均调用量超过 6 亿次，日均处理 Tokens 文本约 1 万亿，这些数据充分证明了国内大模型在应用场景和商业化方面的巨大潜力；华为的盘古大模型包含多个基础大模型，并且这些基础大模型延伸至多个垂直领域，如自然语言处理（Natural Language Processing，NLP）、视觉和气象等，展现了盘古大模型广泛的适用性，盘古大模型形成了从 L0 基础大模型到 L2 场景模型的多层次结构，能够灵活满足不同层次的需求；阿里巴巴推出了通义大模型，该模型在语言处理、数学计算等多个领域都有出色的表现；字节跳动推出了自研的豆包大模型，进一步丰富了国内大模型的阵容。

"大模型"这一术语在人工智能领域中通常被用来指代具备庞大参数规模、必须依赖于海量数据进行训练，且能在多样化任务中展现卓越性能的模型。这类模型借助深度学习这一先进技术，不仅能够深入理解和分析语言文字，还能生成流畅、自然的文本内容。值得一提的是，它们的能力远不止于此，大模型同样可以处理复杂的图像数据，甚至能够生成高质量的图片和视频内容，从而在人工智能的多个子领域中发挥举足轻重的作用。

大模型的出现使得机器人能够更好地理解人类的语言和行为，从而在交互上更加自然。根据业内人士的说法，人形机器人的"大脑"以多模态大模型增强人机交互，实现对人类意图的理解、对复杂外部环境的理解与认知。在人形机器人领域，大模型技术的应用主要体现在对机器人的感知、决策和执行等核心功能的提升上。基于大模型强大的功能，大模型的浪潮席卷全球，世界范围内的大模型竞争潮流，如水面上的涟漪般从小众技术圈逐步扩展，现已扩展至大众层面。

二、大模型与大智慧

2024 年 3 月，英伟达公司展示了其全新研发的多模态人形机器人通用基础模型——Project GR00T。该模型宛如机器人的"智慧大脑"，在它的驱动下，机器人不仅能够深刻理解自然语言，更能通过观察人类的行为举止，迅速实现协调性、灵活性并习得多种实用技能。与此同时，OpenAI 携手人形机器人领域的佼佼者 Figure 公司，共同推出了 Figure 01 机器人。这款机器人基于 OpenAI 强大的大模型技术，仅凭单一的神经网络便能准确接收并理解人类的指令，进而完成诸如传递苹果、整理垃圾以及摆放餐具等复杂动作。

大模型技术的引入和应用，使得人形机器人的智能化水平实现了质的飞跃，为人形机器人产业带来了前所未有的创新机遇。首先，在硬件设计方面，大模型技术推动了人形机器人的结构优化和性能提升。通过深度学习算法，开发人员可以精确计算出机器人在各种状态下的最优姿态和控制策略，从而提高其稳定性和灵活性。此外，该技术还促进了硬件组件的精细化设计，如使用更高效的能源管理系统和更耐用的材料，从而延长了机器人的使用寿命。这些创新不仅使人形机器人更加适应复杂多变的环境，还为其在未来承担更广泛的任务角色奠定了坚实基础。

其次，在软件开发方面，大模型技术的引入为人形机器人带来了前所未有的智能处理能力。这一技术的运用，实质上是通过模仿人类的思维方式和学习能力，赋予机器人更为高级的智能。在现代计算机科学的支持下，人形机器人现在能够借助先进的深度学习算法和庞大的训练数据集，不断地汲取新的知识和技能。通过深度学习，人形机器人可以进行自我学习和优化，逐渐掌握更加复杂和精细的操作。这不仅提升了机器人的自主性，还使它们能够在多样化的应用场景中展现出更高的适应性和灵活性。无论是在家庭服务、医疗辅助，还是工业制造等应用场景中，人形机器人都能通过其强大的智能处理能力，更好地理解并执行人类的指令，甚至在某些方面实现超越人类的工作效率。

最后，在交互体验方面，大模型技术的运用为人形机器人赋予了更加自然和智能的交互能力。这一技术的革新，让人形机器人不再仅仅是冷冰冰的机器，还是能够理解和回应人类情感的智能伙伴。借助大模型技术，人形机器人现在可以通过语音与人类进行深入且自然的沟通。它们不仅能够准确地识别和理解人类的语言，还能够根据对话的上下文和语境给出恰当的回应，使得人机对话更加流畅和真实。

更为重要的是，这些人形机器人还能够通过面部表情和身体动作来传达自己的情感和意图，从而与人类建立更加紧密的情感联系。例如，在面对用户的询问时，它们可以通过微笑或点头来表达理解和赞同，这样的交互方式无疑大大提升了用户体验。因为理解了"饿"的语义，机器人 Figure 01 可以自发拿起桌上的苹果，大模型提升了它对情绪的感知和表达能力，让"人"与人的交流更为顺畅。

同时，人形机器人在提供服务时也展现出了更高的人性化水平。它们能够根据不同的用户需求提供个性化的服务，比如为用户推荐合适的音乐、电影或者提供天气、新闻等信息。这种智能且贴心的服务，可以让用户感受到人形机器人不仅仅是一台机器，更是一个有温度、有情感的智能助手。

大模型技术引发的人形机器人产业热潮，由技术、资本和市场三方面共同推动。在技术方面，大模型技术的进步为机器人提供了更强大的"大脑"；在资本方面，投资者对于人形机器人的未来充满期待，纷纷投入资金；在市场方面，消费者对于高科技产品的接受度越来越高，尤其是在追求高效率和个性化服务的今天。

总的来说，大模型不仅是人工智能技术的一次重大突破，更是推动人形机器人产业迅速发展的关键因素。大模型与人形机器人的结合，预示一个更加智能化、个性化的未来。随着技术的不断完善和市场的逐步成熟，我们有理由相信，在不久的将来，人形机器人将成为我们生活中的好助手，甚至好伙伴。

第三节　新质生产力引领人形机器人产业发展

新质生产力作为新兴力量，在人形机器人产业中发挥重要作用。本节将阐述新质生产力的概念与特征，并分析其如何引领产业走向新的高峰。在此基础上，本节将着重探讨新质生产力与人形机器人产业的相互促进关系，尤其是新质生产力对人形机器人产业发展的引领作用。

一、新质生产力的概念与特征

近年来，新质生产力迅速崛起并成为一个热门话题。这一概念强调通过创新和技术进步来提升生产效率和质量，以满足市场需求。新质生产力的核心在于结合先进技术推动产业转型，实现可持续发展。

新质生产力是指能够引领产业革命和社会变革的新兴力量。新质生产力以劳动者、劳动资料、劳动对象及其优化组合的跃升为基本内涵，具有强大发展动能，能够引领和创造新的社会生产时代，其驱动力和特征如下。

1. 科技创新

新质生产力的核心在于其驱动力 —— 科技创新。这种创新远超对现有技术的简单改进或优化，它从根本上颠覆了传统的思维模式和工作方法。通过积极引入并融合前沿科学的最新成果，如量子计算、生物工程、新材料科学等尖端领域的技术，新质生产力得以推动技术的全面更新换代，引领产业实现质的飞跃。这种创新不仅为产业发展注入了强大的活力，也为社会的进步贡献了巨大的推动力，预示更为广阔的未来发展空间。

2. 数字化

新质生产力以数字化为基本特征，通过数字产业化与产业数字化，有力地促进了产业的更新和升级，成为推动现代化产业体系建设的重要力量。一方面，新质生产力展现出数字产业化的明显趋势，它以数据要素为主导，巧妙地整合其他生产要素，进而催生出战略性新兴产业和未来产业；另一方面，新质生产力在推动产业数字化方面发挥着关键作用，它通过提升传统产业的数字化水平，增强了企业应对市场变化的灵活性，降低了运营成本，提高了生产效率。

3. 智能化

智能化是新质生产力的显著特征。新质生产力凭借其智能化特征高度赋能现代化产业体系建设，推动建成智能生产线、智能仓库等设备，提升生产决策的正确性，从而实现产业高质量发展和现代化产业体系建设。基于人工智能，新质生产力能够通过机器学习、深度学习等技术，自主学习和优化工作流程。这不仅提高了工作效率和精确度，还使得机器人能够处理复杂的决策问题，甚至在某些领域具有超越人类的能力。

4. 网络化

网络化作为新质生产力的重要特征，在当今全球化的时代背景下显得尤为突出。借助互联网的强大连接能力，人类可以轻松地连接全球各地的资源，实现信息的即时共享与处理。这种高效的资源整合与信息传递模式，不仅显著提升了工作效率，更为创新和协作提供了前所未有的广阔天地。通过网络化，企业可以迅速获取全球范围内的最新技术、市场信息和客户需求，从而更加精准地把握市场动态，提升竞争力。同时，网络化也为企业提供了便捷的全球市场拓展渠道。借助互联网平台，企业可以轻松触达全球潜在客户，推广产品和服务，实现跨国界的商业合作。这不仅有助于企业提升市场份额，还为其带来了更多的商业机会和更大的发展空间。

5. 绿色化

绿色化也是新质生产力的重要特征。新质生产力追求能源利用的绿色化，通过开发和应用清洁能源，减少对化石燃料的依赖，有助于缓解全球气候变化问题。新质生产力倡导节能减排，通过推广高效的节能技术和产品，降低能源消耗和减少浪费。此外，新质生产力还注重资源的优化利用，通过技术创新提高资源利用率，以及推动产业向绿色生产模式转变，减少污染物排放和废弃物产生。同时，新质生产力强调循环经济和回收再利用的重要性，致力于实现废弃物的资源化利用。

总的来说，新质生产力代表一种全新的生产和管理方式，它以科技创新为驱动力，以数字化、智能化、网络化和绿色化为特征，正在引领全球产业的转型升级和社会的深刻变革。展望未来，随着技术的革新和市场的成熟，新质生产力将继续引领科技行业的飞速发展，为人类社会描绘出一个更加智能、绿色和高效的未来图景。

二、新质生产力引领人形机器人产业发展

新质生产力，以其独特的创新性和高效性，不仅推动着产业的转型升级和社会变革，也引领着人形机器人产业走向新的高峰。新质生产力引领人形机器人产业发展主要体现在以下几个方面。

1. 技术创新

技术创新是人形机器人产业发展的驱动力。随着计算能力的提升和算法的进步，人形机器人的性能正在不断提高。例如，通过使用新型传感器和控制系统，机器人的运动更加流畅、自然；利用先进的机器学习算法，机器人能够更好地理解和响应人类的指令。此外，新材料的开发使得机器人更加轻便、耐用，甚至能在极端环境下工作。

2. 产业升级

新质生产力推动了人形机器人产业的升级和转型。传统的机器人产业主要集中在工业领域，而新质生产力则以其高灵活性、智能性和适应性，推动人形机器人向医疗、教育乃至服务等更多领域发展。这不仅极大地拓宽了人形机器人的应用范围，使之更加贴近人类生活的方方面面，也为人形机器人产业的持续创新与发展注入了新的活力，催生了更多元化的市场需求和技术革新。

3. 资本投入

资本投入对于人形机器人产业的研发和生产至关重要。随着投资者对这一产业潜力的认识加深，越来越多的风险资本和私募基金开始投资人形机器人的研究与开发。这些资金不仅为科研项目提供了强大的经济支持，加速了关键技术的研究进程（如人工智能算法的优化、机器视觉的提升等），还极大地促进了产品的商业化，助力人形机器人更快地走向市场，实现了市场的快速扩张和产业的蓬勃发展。

4. 政策支持

政府的政策支持为人形机器人产业的发展提供了坚实的基础。这包括研发补贴、税收优惠、专利保护等多种措施，旨在降低企业的研发成本和市场风险，

激励更多企业投身于人形机器人的研发与生产。同时，政府还通过制定严格的行业标准和法规，确保人形机器人在设计、制造及应用过程中的安全和可靠性，保障用户权益，从而增强了消费者的信心，为人形机器人市场的健康发展创造了良好的环境。

5. 市场需求

市场对智能化服务的需求是推动人形机器人产业发展的直接动力。随着人口老龄化和劳动力成本上升，人形机器人在医疗护理、家庭服务、公共安全等领域的应用前景广阔。此外，随着消费者对个性化和智能化产品的追求不断增强，人形机器人越来越多地出现在娱乐、教育、零售等行业，成为连接人与智能技术的重要桥梁。

三、人形机器人产业是新质生产力的重要方向

随着新质生产力的蓬勃发展，其前沿阵地人形机器人产业，正呈现出作为其重要方向的无限潜力。该产业的迅猛发展不仅彰显了新质生产力的核心特征，也为社会经济的转型升级提供了强大支撑。

人形机器人产业是新质生产力的重要体现。新质生产力是在创新中起主导作用的生产力，它不再依赖传统的经济增长方式，具有高科技、高效能、高质量的特色。新质生产力通过深度融合信息技术与制造技术，引领产业升级与转型，推动经济社会持续发展。同时，它代表未来生产力的发展方向，为全球经济带来新的增长点与活力。人形机器人产业作为高科技产业的代表，其发展正是新质生产力的一个重要体现。人形机器人集成人工智能、高端制造、新材料等先进技术，这些技术的应用和融合推动了产业的升级和变革，符合新质生产力的发展要求。人形机器人的研发和应用不仅推动了相关技术的进步，也促进了跨学科的创新合作。

人形机器人产业还可以促进新质生产力的发展。首先，人形机器人产业提升生产效率和质量。人形机器人具备高灵活性和智能化水平，可以在许多领域替代人工进行高精度、高效率的工作。这不仅提高了生产效率，还降低了生产成本，同时提升了产品质量和一致性，从而促进了新质生产力的发展。其次，人形机器人产业推动产业创新。人形机器人的研发和应用需要跨学科的知识和技术，这促进了不同领域之间的交流和合作。这种合作氛围有助于产生新的技术突破和产业变革，进一步促进新质生产力的发展。最后，人形机器人的广泛应用有助于推动传统产业的转型和升级。通过引入人形机器人，企业可以改善生产流程、降低成本、提高生产效率，并探索新的商业模式和服务方式。这种转型升级符合新质生

产力对产业发展提出的高质量要求，有助于提升整条产业链的竞争力。

总之，人形机器人产业与新质生产力之间存在相互促进的关系。人形机器人产业发展是新质生产力的重要体现和推动力，而新质生产力为人形机器人产业发展提供了引领和支撑。随着科技的不断进步和市场的日益扩大，人形机器人产业将在新质生产力的发展中发挥更加重要的作用。它不仅是推动经济增长的新引擎，更是引领社会进步、提升人类生活品质的关键力量。我们有理由相信，人形机器人产业与新质生产力的深度融合，将为社会带来更加美好的未来。

第四节　全球人形机器人产业大盘点

目前，全球人形机器人产业正在快速发展，市场规模不断扩大，产业化水平不断攀升。车企、机器人企业、互联网企业等纷纷布局这一领域，并致力于技术创新。本节将对全球人形机器人产业进行大盘点，包括竞争格局、市场规模以及产业链等方面的内容。通过深入分析这些内容，读者可以更加清晰地把握人形机器人产业的未来发展方向。

一、主要厂商及发展态势

全球人形机器人产业目前处于技术突破和产业化萌芽的阶段。2023 年被视为人形机器人产业化的破晓时刻，多项技术的交汇使得这一产业的发展更加迅速。根据主要厂商及发展态势，全球人形机器人产业大致可以分为以下五大势力。

1. 海外车企

以特斯拉为代表的海外车企在人形机器人领域代表国际一流的技术水平。马斯克已经不再满足造新能源汽车和火箭，而是开始"造人"了。特斯拉在人形机器人领域的探索与突破，展现了其在科技创新方面的雄厚实力，为全球机器人产业树立了新标杆。特斯拉的 Optimus 人形机器人集成了多个领域的最新技术成果，在感知系统、运动控制和智能决策等核心功能上实现了重大突破。如今，马斯克在积极推动人形机器人的研发与发布的同时，也在不断完善整个机器人产业链。从公开招聘信息中可以看到，特斯拉正大规模地招聘人形机器人相关领域的人才，包括从电机规划到驱动器研发等各个环节的关键职位。这无疑凸显了特斯拉对机器人产业的特别重视，以及该产业在公司当前发展战略中的高优先级地位。

特斯拉的 Optimus 人形机器人预计在 3 ～ 5 年内量产上市，价格控制在 2 万～ 3 万美元。这标志着海外车企不仅在汽车制造领域占据领先地位，也在人形机器人技术创新方面走在前列。马斯克甚至认为，人们对人形机器人的远期需求可达 100 亿台。

此外，日本本田公司开发的人形机器人 ASIMO，是全球最早的双足人形机器人。该款机器人可以作为智能导游向游客讲解相关内容，也可以在车站、机场等地担任道路引导员。为了将精力集中于技术的更多实际应用，本田公司于 2018 年 6 月 28 日正式宣布，停止对仿人机器人 ASIMO 的研发。在 2022 年 3 月 31 日，它在位于东京的本田公司总部，结束了其长达 22 年的职业生涯，迎来了正式的"退役"仪式。

除了特斯拉和本田公司直接涉足人形机器人的研发，还有一些海外车企通过投资、合作或技术研发等方式间接参与人形机器人领域的发展，例如，与机器人企业合作，共同探索人形机器人在汽车制造、物流运输等领域的应用潜力。

总的来说，海外车企中直接研发人形机器人的企业相对较少，而特斯拉公司无疑是这一领域的佼佼者。随着人形机器人技术的不断进步和应用场景的不断拓展，未来可能会有更多海外车企或其他领域的公司加入人形机器人的研发行列。

2. 海外机器人企业

海外机器人企业如 1X Technologies、Agility Robotics、波士顿动力等，拥有深厚的技术沉淀和多样化的下游应用。这些企业的产品聚焦于机械结构上的"仿人形"，具备优异的运动性能。创立于 2022 年的 Figure 公司，是与宝马公司达成合作的后起之秀，致力于设计自动通用人形机器人。截至本书成稿之日，Figure 公司已成功吸引了总计 7.54 亿美元的融资。

Figure 公司立志创造世界上首台商业上可行的通用人形机器人。公司创始人布雷特·阿德科克（Brett Adcock）强调，与其他知名的机器人企业（如波士顿动力和亚马逊）相比，Figure 公司的独特之处在于其机器人能够完成多种通用任务，并具备持续学习和环境交互的能力。

2023 年 10 月，Figure 公司隆重推出了其首款人形机器人——Figure 01，该机器人以特斯拉的 Optimus 为竞争对手。Figure 01 是一款由电机驱动的人形机器人，身高约 167 厘米，体重约 60 千克，设计承重能力为 20 千克，行走速度可达每秒 1.2 米，并且能够连续工作约 5 小时。它不仅能够稳定行走，还具备自主捡拾、搬运物品以及导航的功能。

波士顿动力公司成立于 1992 年，由麻省理工学院教授马克·雷伯特创立，是机器人技术领域的引领者。公司专注于开发具有高级运动能力的机器人，包括四足机器人和人形机器人，以推动机器人技术在多个领域的应用。波士顿动力公司的机器人产品主要有 BigDog（大狗）机器人、Petman 机器人、LittleDog（小狗）机器人、Cheetah（猎豹）机器人、Wildcat（野猫）机器人、Sandflea（沙蚤）机器人、RiSE 机器人、Handle 机器人等。

在波士顿动力公司的人形机器人产品中，Atlas 较为著名。Atlas 是一款液压驱动双足人形机器人，自 2013 年首次亮相以来，经过多次迭代升级，展现了卓越的运动能力和动态稳定性。尽管波士顿动力公司在人形机器人技术上取得了显著成就，但其商业化进程相对缓慢。2024 年 4 月 16 日，波士顿动力公司宣布 Atlas 退役，但并未停下研发人形机器人的脚步。波士顿动力公司发表文章表明，Atlas 迎来电气新纪元！文章郑重宣布，电动版 Atlas（见图 2-2）即将闪亮登场。与之前几代"液压驱动老前辈"比起来，这位"电动新秀"非常强大，其运动能力更好、活动范围更广，在行走方面甚至能"超越人类极限"！。

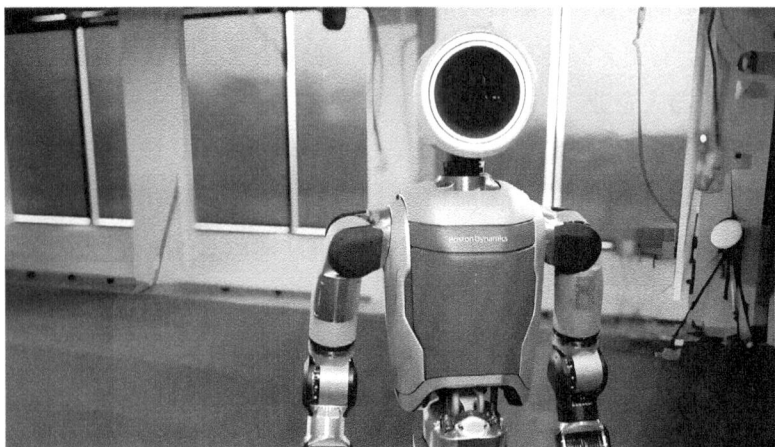

图2-2　电动版Atlas

波士顿动力公司表示，电动版 Atlas 更强壮、更灵巧、更敏捷。它可能与人类的外形相似，但他们正在为机器人配备以最有效的方式完成任务的设备，而不受人类活动范围的限制。这预示着电动版 Atlas 将成为机器人技术的又一重大进步。

3. 国内车企

国内车企如小鹏汽车（简称"小鹏"），其人形机器人技术可能直接对标特斯拉。小鹏最新发布的机器人 PX5，在 6 个月内经历了两次重大迭代。这款机器人具备出色的双足行走功能和卓越的障碍跨越能力。得益于高性能关节的支持，它能够在室内外环境中轻松自如地大步前行，展现出敏捷、灵活的运动特性，同时可以跨越各种障碍，并且能够依靠灵巧的双手完成多种复杂任务。小鹏在人形机器人技术领域已经取得了显著的进步，PX5 机器人的技术能力充分展示了小鹏在这一领域的研发实力和市场竞争力。未来，随着技术的进一步成熟和迭代，小鹏的人形机器人有望在更多领域发挥重要作用。

比亚迪则投资了人形机器人创业公司——智元机器人（AgiBot），成为该公司的第七大股东。智元机器人是由"稚晖君"彭志辉等人于 2023 年 2 月创立的创新企业，专注于通过 AI 与机器人的结合，开发全球领先的具身智能机器人产品，并构建一个完善的应用生态。智元机器人已经推出了首款人形机器人"远征A1"，其身高为 175 厘米，体重为 53 ~ 55 千克，具有的自由度超过 49 个。比亚迪的投资显示了其在人形机器人领域的布局和发展。

国内车企在发展人形机器人方面，更多呈现出与高科技企业合作、共同研发和探索应用的趋势。例如，吉利控股集团旗下的极氪 5G 智慧工厂引入了优必选的人形机器人 Walker S Lite，该机器人已经在工厂内进行了连续多日的实训，并在料箱转运单元（Container Transferring Unit，CTU）入库上料工位协同员工执行搬运任务。这不仅展示了人形机器人在智能制造领域的实际应用能力，也标志国内车企在人形机器人技术应用方面的积极探索。

4. 国内机器人企业

截至 2024 年 6 月 20 日，依据企查查所提供的数据，当前我国机器人相关领域的企业数量已达 71.67 万家，标志人形机器人产业正蓬勃兴起，涌现了如达闼机器人、宇树科技、优必选等机器人企业，这些企业通常有一定的机器人技术积累，彰显了我国在全球人形机器人领域内的强劲竞争力和广泛影响力。优必选被誉为本土人形机器人的明星企业，在 2014 年创业初期便以一款人形机器人Alpha 崭露头角。优必选是少数已完成从小扭矩到大扭矩伺服驱动器批量生产的公司之一。2016 年，优必选开始研发人形机器人 Walker，这款大型人形机器人已经历4次迭代，成功跻身我国首款商业化产品之列。优必选也是全球首家将双足真人尺寸人形机器人的成本降至10万美元以下的公司。2021年，优必选在2021世界人工智能大会上发布了全新一代Walker X产品，再次彰显了其在人形机器人领域的领先地位。同年，优必选在2021世界机器人大会上首发熊猫机器人优悠。优必选的人形机器人产品线如图2-3所示。

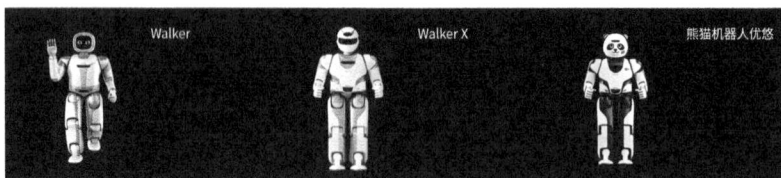

图2-3　优必选的人形机器人产品线

达闼机器人作为智能机器人领域的佼佼者，不仅是全球领先的云端机器人研发者，更是该行业的制造与运营先锋。自2015年3月由美国UT斯达康公司前首席技术官（Chief Technology Officer，CTO）、中国移动通信有限公司研究院前院长黄晓庆创立以来，该公司一直深耕于云端机器人技术的探索与创新，致力于打造顶尖的运营商级别智能机器学习与运营平台。截至2022年年底，达闼机器人已拥有超过1600项专利，居全球云端机器人领域专利数榜首。其明星产品——Ginger系列，历经多次迭代，日臻完善，如图2-4所示。初代轮式人形机器人Cloud Ginger XR-1在2019世界移动通信大会上惊艳亮相，而升级版Cloud Ginger 2.0则在2022世界人工智能大会上大放异彩。Cloud Ginger 2.0凭借自研的智能柔性关节（Smart Compliant Actuator，SCA）2.0，在迎宾导航、庆典主持以及养老陪护等多个领域展现出卓越性能。

图2-4　达闼机器人的轮式人形机器人Ginger系列

宇树科技由王兴兴于2016年8月创立，现已跻身全球知名机器人公司之列。该公司专注于自主研发、生产和销售消费级及行业级的高性能通用足式／人形机器人与灵巧手，相关产品曾在2021年中央广播电视总台春节联欢晚会、杭州第19届亚运会和杭州第4届亚残运会等重大场合亮相，并屡获《新闻联播》的报道。宇树科技在全球率先公开零售高性能四足机器人，并实现行业应用的落地，其产品多年来全球销量持续领先。2023年8月15日，宇树科技迈出了重要的一步，正式宣布进入通用人形机器人领域，并揭幕了旗下首款通用人形机器人——Unitree H1。值得一提的是，Unitree H1的关节单元核心部件，包括伺服电机、减速器、控制器等，均由宇树科技自主研发并生产。根据宇树科技官网的消息，2024年上半年，Unitree H1凭借每秒3.3米的惊人行走速度，成功刷新了全尺寸人形机器人的行走速度纪录，这不仅证明了宇树科技在卓越的驱动系统、精确的平衡控制以及强大的计算能力等关键技术上的突破，也为未来人形机器人在更广泛场景中的应用奠定了基础。在2024年3月19日开幕的由英伟达举办的GPU技术大会（GPU Technology Conference，GTC）上，宇树科技的Unitree H1（见图2-5）惊艳登场，宇树科技将携手英伟达，共同助力全球AI机器人技术的深远发展。

图2-5 宇树科技的Unitree H1在由英伟达举办的GTC上亮相

5. 互联网企业

目前，国内的互联网企业（如小米、科大讯飞）通过设立事业部或子公司等方式，进入人形机器人领域。小米近年来大力进军新能源汽车以及机器人领域，早在 2021 年 8 月，小米就推出了第一代仿生四足机器人，并将其命名为 CyberDog（别名"铁蛋"）。2023 年 8 月，在 2023 雷军年度演讲上，雷军宣布推出新一代仿生四足机器人 CyberDog 2（别名"铁蛋 2 代"）。小米旗下首款全尺寸人形仿生机器人 CyberOne（别名"铁大"）是在 2022 年 8 月举行的小米秋季新品发布会上发布的，CyberOne 搭载小米自研的电机和控制算法，具有完整的三维空间感知能力，能够实现人物身份识别等 AI 交互功能。

科大讯飞作为较早布局人形机器人的互联网企业，其人形机器人采用了最新的人工智能大模型技术，这使得机器人在语言理解、逻辑推理等方面的能力得到了显著提升。近年来，科大讯飞已经展示了其"大模型＋具身智能"赋能下的最新人形机器人研发成果，在 2024 世界机器人大会上，科大讯飞展示了一款身高约为 1.7 米、体重为 60 千克的人形机器人，该机器人拥有与成年男子相似的体型。这款人形机器人展现了出色的环境感知能力、理解能力和四肢协同能力，能够实现直立行走、屈膝站立等动作，甚至可以完成倒咖啡、双臂协同用毛巾擦汗等复杂任务。科大讯飞通过其迅飞机器人超脑平台已经赋能了 420 家机器人企业，并深度链接了 1.5 万名机器人开发者。这一举措不仅推动了机器人产业的快速发展，还加强了其与其他行业领先企业的合作与交流。科大讯飞已经与优必选、宇树科技、智元机器人等多家机器人产业头部企业展开了广泛合作，共同推动人形机器人的技术发展和应用落地。

值得一提的是，作为中国科技界的领军者，华为也正式迈入人形机器人领域，并在东莞大手笔投资 8.7 亿元成立了东莞极目机器有限公司。在华为开发者大会 2024 上，华为云与乐聚机器人强强联合，隆重推出了国内首台面向家庭使用的人形机器人。这款机器人不仅搭载了华为的鸿蒙操作系统及盘古大模型，而且其核心组件，如传感器和芯片等，均为华为自主研发，彰显了其在国产替代方面的卓越成就与领先地位。随着华为等科技界知名企业在人形机器人领域持续大手笔投资，国内乃至全球范围内的人形机器人产业有望迈入一个加速发展的新纪元。

二、专利概况：中国累计申请专利总量全球第一

2023 年 11 月 27 日，人民网研究院发布了《人形机器人技术专利分析报告》

（以下简称《报告》），该报告得到了中国机器人产业联盟及传播内容认知全国重
点实验室研究员张冬明的学术支持。《报告》收集了全球 15 000 多项与人形机器
人技术相关的专利，并从多个维度（包括地域布局、技术布局以及专利申请人
等）对这些专利进行了深入分析。

《报告》显示，中国在全球人形机器人技术专利申请数量和有效专利数量方
面均拔得头筹。值得一提的是，作为国内人形机器人行业的领军企业之一，优
必选在专利方面表现尤为突出。在全球有效专利数和近 5 年年平均申请专利数
上，该公司均位列榜首。同时，在有效发明专利数以及不同技术领域的申请专
利数上，优必选也稳居中国首位，并在全球范围内名列前茅。人形机器人技术
有效专利数概览如图 2-6 所示。

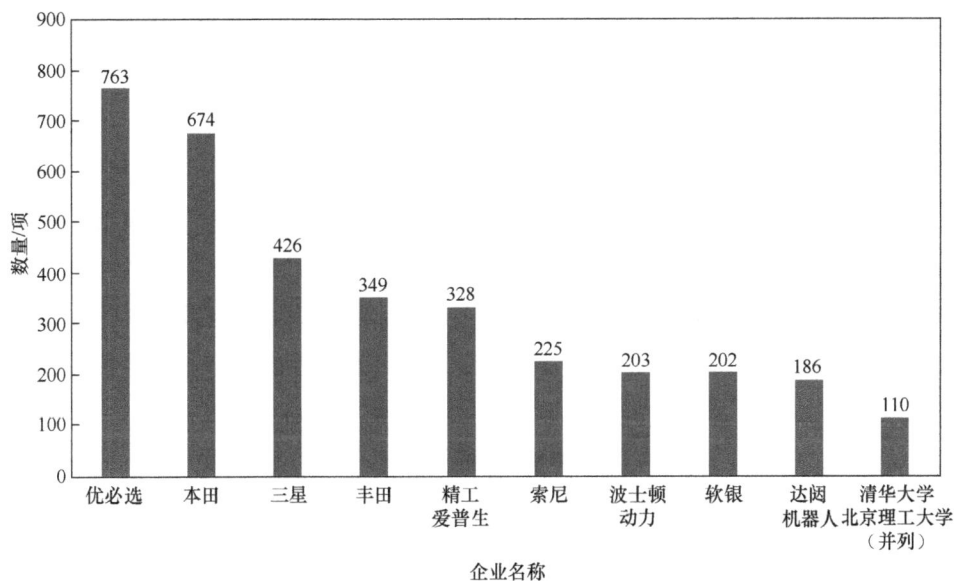

图2-6 人形机器人技术有效专利数概览
（资料来源：人民网研究院《人形机器人技术专利分析报告》）

中国人形机器人技术累计申请专利总量居全球第一，如图 2-7 所示。《人形
机器人技术专利分析报告》的数据显示，截至 2023 年，中国在人形机器人技术
专利方面的表现尤为出色。例如，在人形机器人技术累计申请专利总量上，中
国以总计 6618 项专利，超过日本、韩国、美国等国家，排名全球第一；在有效发
明专利上，中国也以 1699 项专利位居全球第二。此外，值得注意的是，从 2014
年开始，中国人形机器人技术专利的集中度始终保持在 20% ～ 30%，相较日本
和美国等国家，这一较低的数据恰恰彰显出中国人形机器人产业所蕴含的蓬勃

生机与活力。

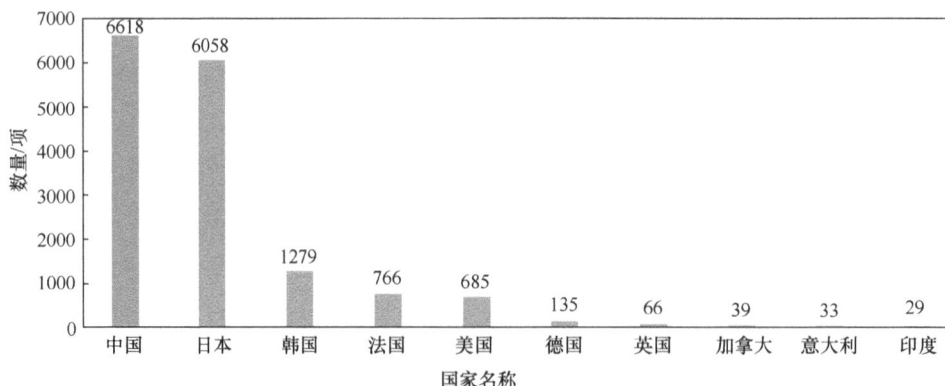

图2-7 人形机器人技术累计申请专利总量概览
（资料来源：人民网研究院《人形机器人技术专利分析报告》）

三、产业链与生态构建

1. 上游关键零部件供应商和原材料市场

在人形机器人产业链上游，关键零部件供应商起着举足轻重的作用。这些供应商提供包括电机、传感器、控制器、减速器等核心零部件，它们的性能和质量直接影响到人形机器人的运动性能、感知能力和使用寿命。目前，全球范围内的关键零部件供应商正致力于研发更精密、更高效的零部件，以满足人们对人形机器人日益增长的性能需求。

原材料市场是人形机器人产业链上游的重要环节。人形机器人所需的原材料种类繁多，包括金属、塑料、橡胶、电子元器件等。这些原材料的价格、质量和供应稳定性对人形机器人的生产成本、产品质量和生产周期具有重要影响。随着人形机器人市场的不断扩大，原材料市场的需求也在稳步增长，同时也面临价格波动和供应风险的挑战。人形机器人主要零部件和原材料的功能及作用如表 2-1 所示。

表2-1 人形机器人主要零部件和原材料的功能及作用

主要零部件和原材料	功能及作用
机械结构零部件	机械结构零部件包括机器人的关节、轴承、齿轮等，其设计和制造决定了机器人的机械性能和运动精度
电机	电机是人形机器人中最常用的驱动器件之一，人形机器人通常采用高性能、高精度和高响应速度的电机来驱动关节和执行器。人形机器人常用的电机类型包括永磁同步电机、永磁直流电机、无刷直流电机、空心杯电机、步进电机和无框力矩电机

主要零部件和原材料	功能及作用
传感器	传感器的种类和性能影响机器人的感知能力和精度，常用的传感器有视觉传感器、力传感器、惯性传感器、温度传感器等
控制器	控制器是人形机器人的"大脑"，负责机器人的运动控制和行为决策。控制器的组成部分包括计算机、控制芯片和通信模块等，通常由本体集成厂商自主研发
电池	电池是为机器人提供电能的关键零部件，不同类型的电池（例如镍氢电池、锂电池和钛酸锂电池），具有不同的性能和安全性，直接影响机器人的续航能力和使用寿命。目前，市面上人形机器人产品多数使用动力锂电池
减速器	减速器是机器人中用于降低电机转速的装置，能够提高机器人关节的扭矩输出和运动精度。人形机器人多数部位使用谐波减速器和行星减速器，少数部位使用旋转矢量（Rotary Vector，RV）减速器
驱动器	驱动器是用于控制电机旋转的装置，不同类型的驱动器（例如普通驱动器、步进驱动器、伺服驱动器等），有不同的性能和应用范围。为了确保人形机器人关节动作的高效执行，其驱动器必须具备一系列关键特性，包括小巧的体积、轻盈的重量、较短的轴向尺寸、高功率密度、出色的能量利用效率、可控的精度以及强大的耐冲击性，同时结合对机器人整体结构和控制系统的精心设计与优化，是确保机器人性能达到最佳状态的关键
金属材料	人形机器人需要使用大量的金属材料，例如铝合金、钢、铜等。金属材料的特点是硬度高、强度大、导电性好等，适用于机器人的机械结构和关节部件
塑料材料	塑料材料是人形机器人中广泛应用的一种原材料，包括丙烯腈-丁二烯-苯乙烯（Acrylonitrile-Butadiene-Styrene，ABS）、聚氯乙烯（Polyvinyl Chloride，PVC）、聚乙烯（Polyethylene，PE）等。塑料材料的特点是重量轻、绝缘性好、可塑性高等，适用于机器人的外壳和零部件
PEEK材料	聚醚醚酮（Polyether Ether Ketone，PEEK）材料是全球性能居前的热塑性材料之一，属于特种高分子材料，具有非常好的耐热、耐磨、耐辐射等性能。在当前"以塑代钢"和"轻量化"的趋势下，PEEK材料凭借其出色表现，在中高端领域成为替代金属材料的理想选择

资料来源：高工咨询发布的《中国人形机器人产业发展蓝皮书（2024）》。

2. 中游制造与集成

人形机器人的研发与生产无疑是一个高度复杂且精细的系统工程。在这个工程中，中游的制造与集成环节扮演着至关重要的角色。这一环节不仅负责将上游提供的各类零部件——如精密的机械结构、传感器、控制器等，巧妙地组装在一起，形成一台完整且功能齐备的人形机器人，更承担对机器人进行严格测试和质检的重任。

这一工程的复杂性在于它横跨了多个学科和技术领域。机械设计的精妙之处在于确保每一个零部件都能精准地配合，发挥出最大的效能；电子工程的挑战则在于构建稳定而高效的电路系统，确保机器人的"神经系统"畅通无阻；计算机科学的智慧则体现在编写出能够让机器人"活"起来的软件代码，使其能够感知环境、做出决策并执行动作。

随着技术的不断进步，人形机器人的研发与生产过程也在经历深刻的变革。智能化和自动化的趋势日益明显，这不仅提高了生产效率，更在一定程度上提升了机器人的性能和品质。例如，通过引入先进的机器人视觉系统，可以实现对组装过程的实时监控和自动纠错，确保每一个生产环节都达到最高的精度标准。

与此同时，标准化和模块化正成为人形机器人制造领域的新趋势。过去，由于缺乏统一的标准和规范，不同厂商生产的零部件往往难以兼容和互换，这不仅限制了产品的研发效率，也提高了生产成本和市场推广的难度。现在，通过制定通用的接口标准和推动模块化设计，这一问题正逐步得到解决。

标准化和模块化的好处是显而易见的。首先，它降低了生产的复杂性，使得零部件的制造和组装变得更加简单和高效。其次，它提高了产品的可维护性和可升级性，因为模块化设计使得零部件的更换和升级变得更加容易和方便。最后，它促进了市场的竞争和合作，因为通用的接口标准使得不同厂商的产品可以更容易地互联互通，从而共同构建一个更加开放和繁荣的人形机器人生态系统。

优必选、达闼机器人、宇树科技、智元机器人等知名人形机器人公司就采用了标准化和模块化的设计理念。他们将机器人的躯干、四肢、头部等关键部位都设计成了独立的模块，每个模块都拥有通用的接口和标准化的功能。这样，当某个模块需要升级或替换时，只需要简单地拔下旧模块、插上新模块即可完成操作。这种设计不仅大大提高了产品的可维护性和可升级性，也使得公司在市场竞争中保持领先地位。

3. 下游应用与市场拓展

下游应用与市场拓展环节对于人形机器人来说尤为关键。人形机器人在各个领域的应用案例不胜枚举，这些案例充分展现了其巨大的潜力和广阔的市场前景。在医疗领域，人形机器人可以作为辅助设备帮助医护人员进行手术操作或病人护理；在教育领域，人形机器人可以作为教学助手或学习伙伴；在娱乐领域，人形机器人可以提供独特的互动体验。此外，人形机器人在救灾救援、公共安全、生产制造等领域也有广泛应用。

随着技术的日益精进和成本的逐渐降低，人形机器人在各个领域的应用开始被更多人所接受。从客户的反馈来看，人形机器人在提升工作效率、削减人力开支以及强化安全保障等方面均表现出色。不过，值得注意的是，市场接受度依然受到产品价格、操作便捷性和系统可靠性等多重因素的制约。鉴于此，厂商们必须持续对产品设计和提供的服务进行优化升级，确保能够精准对接不同客户的实际需求与期望，从而推动人形机器人在更广泛的领域内得到应用。

第二篇

谁主沉浮：人形机器人产业政策比拼

在探索人形机器人产业的发展历程时，不可避免会涉及政策层面的相关内容。政策是推动技术进步和产业发展的重要力量，尤其是在高科技领域。在当今科技飞速发展的时代，人形机器人作为智能科技的前沿领域，正从科幻走向现实。然而，这一新兴产业的崛起并非一蹴而就，其背后受到多国政府的产业政策推动。随着全球竞争的加剧，能否在人形机器人产业中占据主导地位，已成为衡量一个国家科技实力和产业竞争力的关键指标。本篇将深入探讨多国及国内多地政府在人形机器人产业方面的政策，分析不同国家及地区战略部署的异同，以期从政策层面揭示这一产业的大致走向和发展脉络。

第三章

世界多国竞相布局

在全球科技的持续演进过程中，人形机器人产业作为新兴科技产业的璀璨明珠，正吸引着世界多国的目光与资源。这一产业的快速发展不仅预示着科技革命进入新篇章，更成为衡量一个国家科技实力和产业竞争力的关键指标。本章将深入剖析全球，特别是几个科技领先国家在人形机器人产业方面的政策动向与战略布局。下面将对比不同国家的政策导向、资金支持、技术研发路径及市场应用策略，旨在揭示这些国家在推动人形机器人产业崛起过程中的政策异同，并探讨这些政策如何影响全球产业格局的未来走向。

第一节　美国的人形机器人产业政策

作为全球科技创新的领军者，美国在人形机器人产业政策方面的布局不仅推动了本国技术的快速发展，更为全球科技产业的繁荣与发展贡献了重要力量。美国政府对机器人技术的重视可追溯至多年以前，从 2011 年启动的"国家机器人计划"（National Robotics Initiative，NRI）到 2016 年发布的《美国机器人路线图 —— 从互联网到机器人》及 2023 年发布的《国家人工智能研发战略计划》，美国在人形机器人产业政策方面的布局逐步深化，形成了一套完善的政策支持体系。这些政策旨在推动机器人技术的创新发展，同时关注技术的社会效益和经济效益、伦理和法律影响，以及安全和可靠性等多方面问题。

一、国家机器人计划

2011 年，以美国先进制造伙伴计划为基石，美国政府启动了"国家机器人计划"。此计划的主要目的是加快美国工业机器人的研发与应用步伐，其核心在于确立美国在新型机器人技术及其应用领域的领先地位。该计划致力于研发新一代机器人，增强机器人从零部件到整体系统的功能性和实用性，以使机器人更有效地协助人类进行生产活动，并构建一个人机互动的工作网络。此外，该计划还着眼于解决从基础科研到工业制造及应用的全方位问题，并深入剖析机器人在人类生活的各个层面所产生的长远经济效益和社会效益。在此计划的执行期间，政府的主要支持力量来自美国国家科学基金会（National Science Foundation，NSF）、美国国家航空航天局（National Aeronautics and Space Administration，NASA）、美国国立卫生研究院（National Institutes of Health，NIH）以及美国农业部（U.S. Department of Agriculture，USDA）。政府每年为此计划拨款 4000 万美元，该计划比较重视学术界、工业界等各方力量的合作，以进一步调动社会资源。

2016 年 11 月，"第二版国家机器人计划"（NRI-2.0）项目招标公告发布，该计划致力于推动泛在协作机器人的实现，让机器人像汽车、计算机和手机一样普及。除美国国家科学基金会外，美国能源部、农业部和国防部也共同参与了该计划。此计划将研究重心放在基础科学、方法、技术以及集成系统上，旨在拓展"国家机器人计划"定义的协作机器人的概念，并从规模和类型上推动协作式交互的发展。其中，一个创新的构想是组建泛在协作机器人团队，即由多个泛在协作机器人与人类合作。这样的团队不仅将通过数据传输进行沟通，还将通过物理和情感层面的交流来促进通信。此外，该计划还强调机器人的定制化和个性化应易于实现，硬件和软件的设计都应使机器人能够适应各种任务、场景和人群。然而，泛在协作机器人的广泛应用也可能会引发一系列社会、经济、伦理和法律问题。因此，该计划也鼓励对机器人对人类工作及生活质量等方面产生的社会与经济影响进行深入研究。

"第三版国家机器人计划"（NRI-3.0）于 2021 年 2 月正式发布，该计划以先前的"国家机器人计划"为基础，专注于集成机器人系统的研究。为支持这一计划，美国政府在 2021 年为该计划的基金注入了 1400 万美元。该计划积极倡导学术界、工业界、政府、非营利组织等多方之间的协同合作。以美国国家航空航天局的阿尔忒弥斯计划（"月球到火星"探索计划）为例，它突出了在月球及其周边建立长期存在的重要性。类似项目的研究目标和技术开发将显著提升机器人的性能，从而为深空探索和其他科学任务提供有力支持。国际机器人联合会（International Federation of Robotics，IFR）发布的《2022 年世界机器人报告》显示，美国的机器人密度（每 1 万名制造业从业人员的机器人拥有量）在 2020 年至 2021 年间从 255 台增至 274 台，位列全球第九。2022 年，在工业机器人年度安装量方面，美国则位列第三。

二、《美国机器人路线图——从互联网到机器人》

2016 年 10 月 31 日，一个由 150 多名美国顶尖研究专家组成的团队，携手打造了一份重磅报告，即《美国机器人发展路线图 —— 从互联网到机器人》。这份路线图与众不同，受到美国国家科学基金会、加利福尼亚大学圣迭戈分校、俄勒冈州立大学和佐治亚理工学院等的共同支持。该路线图的内容丰富，共 10 部分，全方位、多角度地剖析了机器人发展的方方面面。从制造业与供应链的转型，到新一代消费者和专业服务的崛起，再到医疗保健、公共安全的飞跃，还有地球及太空的探索、劳动力的挖掘、基础设施的共享，以及令人纠结的法律、伦理和经济问题，该路线图都进行了分析，真是令人叹为观止！

该路线图倡导构建更为完善的政策体系，旨在将自动驾驶汽车和商用无人机等新技术安全地融入大众的日常生活中。同时，该路线图也倡导加强在人机交互领域的研究力度，以期老年人群能在自己熟悉的家庭环境中安度晚年。此外，路线图还呼吁加强从基础教育到成人教育阶段的科学、技术、工程和数学（STEM）教育，并倡导研发更为智能、灵活的机器人系统，以满足制造业中日益增长的定制化需求，这些需求涵盖汽车、消费类电子产品等多个行业领域。

为了维护美国在机器人技术及其相关政策制定方面的领先地位，并确保研究和创新紧密联系实际、切实解决现实问题以及促进技术落地应用，路线图制定者提出了一系列建议：一是各级政府需强化网络化专业水平，以便对机器人技术进行革新，从而优化其社会效益并降低潜在风险；二是倡导政府与研究机构开展跨学科合作研究，因为单一学科知识已无法解决当前复杂问题，需要政企学研多方携手，打破学科壁垒；三是清理研究道路上的阻碍，确保独立研究者在系统开发中不违反现行法律和道德原则，为科研活动的顺利进行提供保障。

《美国机器人路线图——从互联网到机器人》这一重要报告为美国机器人技术的发展提供了全面的战略指导。它不仅关注了技术创新和应用拓展，还充分考虑了技术发展可能带来的社会、法律和伦理问题。这份路线图的目的是帮助美国在机器人领域保持领先地位，并推动相关产业的持续发展和创新。然而，随着技术的不断进步和应用场景的日益丰富，美国仍需不断调整和完善其机器人发展战略，以适应新的形势和需求。

三、《国家人工智能研发战略计划》

2023年5月23日，为推动美国人工智能的应用与发展，美国白宫宣布了一系列新的举措，同时发布了新的《国家人工智能研发战略计划》。这份新计划在2016年和2019年版本的基础上进行了修订，不仅重申了原先的8项战略，还针对各项战略的优先事项进行了具体优化和调整。更重要的是，这份新计划增加了1项战略，以强调国际合作的重要性。这些战略具体如下。战略1是对基础和负责任的人工智能研究进行持续的长期投资；战略2是探索人与人工智能协同工作的有效方式；战略 3 是深刻洞察并妥善应对人工智能在伦理、法律及社会层面所产生的深远影响；战略 4 是全力保障人工智能的安全性，并利用其技术优势来增强整体安全防护能力；战略 5 是积极开发与共享人工智能训练和测试所需的公共数据集及环境资源；战略 6 是确立明确的标准与基准，以科学评估和衡量人工智能技术的性能与水平；战略 7 是全面摸清国家在人工智能研发领域的人才需求状况；战略 8 是加强公私部门之间的合作与交流，以共同推动人工智能技术的快速发展；增加的战略 9 则是为国际合作建立有原则且可协调的方法，以共同推进人工智能研究。

战略 1 与机器人产业紧密相连，它着重提出对基础和负责任的人工智能研究进行长期可持续的投资。该战略的中心目标是优先为下一代人工智能的研发提供资金支持，从而推动基础和负责任的技术革新，最终服务于公众利益，并确保美国在全球人工智能领域的领导地位。为实现这一目标，该战略聚焦于提升基础人工智能能力，如感知、表征、学习和推理等，并致力于研发更加可靠和对用户友好的人工智能技术，同时评估并管理生成式人工智能所带来的相关风险。

该战略明确了 10 个优先事项：推进数据驱动的知识发现技术；推动联邦（Federated）机器学习（Machine Learning，ML）方法的研究与应用；深入探索人工智能的理论潜能及其局限性；开展关于可扩展通用人工智能系统的研究；在实体和虚拟环境中开发并模拟人工智能系统；增强人工智能系统的感知功能；研发性能更卓越、更稳定的机器人技术；改进硬件以更好地支持人工智能的应用；设计能够优化硬件性能的人工智能系统；推动可持续的人工智能和计算系统的发展。

相较于 2019 年版的战略 1，2023 年版的战略 1 做出了一些关键调整。原先的"开展通用人工智能系统的研究"已被修订为"开展关于可扩展通用人工智能系统的研究"，并对相关概念和研究范畴进行了重要更新。同时，删除了"类人人工智能研究"和"开发可扩展人工智能系统"的研究内容。此外，2023 年版的战略 1 还增加了 3 个新的优先事项："推动联邦机器学习方法的研究与应用""在实体和虚拟环境中开发并模拟人工智能系统""推动可持续的人工智能和计算系统的发展"。

除此之外，新计划还建议对美国政府实施《2020 年国家人工智能倡议法案》（简称 NAIIA 2020）以及《国家人工智能研发战略计划》的情况进行全面评估。

四、注重创新、治理、研究与协同

通过研究以上几份文件，美国机器人产业政策的特点可以归纳如下。

1. 创新优先导向

美国机器人产业政策始终坚持创新优先导向，鼓励和支持人工智能和机器人技术的创新发展。从 2011 年发布的"国家机器人计划"到 2023 年发布的《国家人工智能研发战略计划》，美国政府在多个政策文件中均强调创新的重要性，并提供了具体的研发方向和资金支持。美国政府的创新优先导向为机器人产业创造了一个有利于创新和发展的环境。这种环境吸引了大量的人才和资源，推动了机器人技术的快速发展和市场应用。

2. 企业友好和弱治理特征

在治理强度方面，美国人形机器人产业政策呈现企业友好和弱治理特征，给予企业更大的容错空间和创新自由。在美国，企业被赋予极大的创新自由。政府鼓励企业尝试新技术、新方法和新商业模式，即便这些尝试可能带来风险。美国政府还赋予中小企业一定的豁免权，减轻了中小企业的合规负担。这种自由使得美国的机器人企业能够迅速适应市场变化，推出创新产品，保持技术领先。

3. 注重基础研究

美国机器人产业政策明确指出基础研究在推动机器人技术发展中的核心作用。基础研究不仅能够探索机器人技术的新原理、新方法，还能为技术的实际应用提供理论支撑和科学依据。投入大量资金和资源支持学术界和工业界开展机器人技术的研发工作，不仅可以支持学术界的科研项目，还可以鼓励工业界积极参与机器人技术的研发工作。注重基础研究有助于为机器人技术的发展奠定坚实基础。通过深入探索机器人的运动控制、感知与认知、人机交互等基础理论问题，美国的机器人技术不断取得突破，这些基础研究的成果为开发更先进、更智能的机器人提供了有力支撑。

4. 多部门协同治理

美国机器人治理涉及多个政府部门，这些部门在各自领域内负责审查和监管人工智能技术的风险和应用。多部门协同治理使得美国能够从多个角度全面评估机器人技术的发展。不同部门根据其专业领域和职责，对技术进行评估，确保技术的安全性、可靠性和道德性。通过多部门协同治理，美国能够更有效地管理机器人技术的风险。各部门可以及时发现和解决潜在问题，防止技术滥用或误用，保护公众利益和安全。

5. 强调跨学科合作

美国机器人产业政策鼓励工业界、政府、学术界、非营利组织和其他相关组织之间协同合作，以促进机器人技术的发展和应用。这种合作方式旨在打破传统学科界限，整合不同领域的专业知识和技术资源，促进多学科知识的融合与创新，推动机器人技术全面、快速发展。同时，通过整合不同行业的需求和资源，美国机器人技术能够更好地服务于社会，提高生产效率，改善生活品质。此外，这种合作方式也有助于培养具备多学科知识背景的人才，为未来的技术创新提供源源不断的动力。

6. 关注社会经济影响

美国机器人产业政策不仅关注技术本身的发展，还密切关注机器人技术对社会经济带来的深远影响。政策文件中多次提到机器人技术对人类工作岗位的替代与创造、社会组织结构的变革，以及生活与工作质量的提升等方面的潜在影响，并特别强调和鼓励开展这些领域的基础研究，以期更好地引导和应对即将到来的技术变革。

7. 强调安全和可靠性

随着机器人技术的广泛应用，安全和可靠性问题日益凸显，解决该问题成为不可忽视的重要环节。美国政府在多个政策文件中不仅强调要加强人工智能和机器人系统的安全和可靠性，还提出了具体的安全标准和监管措施，旨在全面确保技术的安全使用，防范潜在风险。

总体来说，美国在人形机器人产业政策上展现出深远的布局，构建了全面的政策支持体系。通过资金投入与多方合作，政府激发了学术界与工业界的创新活力。政策强调跨学科合作与基础研究的重要性，并全面评估机器人技术对社会经济的影响。此外，美国的人形机器人产业政策以企业友好和弱治理为特征，促进了技术的快速落地应用，有助于美国在全球机器人领域保持领先地位。这一系列举措为美国人形机器人产业的蓬勃发展奠定了坚实基础。

第二节　日韩的人形机器人 产业政策

日本在机器人技术领域长期处于世界前列，特别是在人形机器人的研发和应用方面，属于传统技术强国。相对于日本，韩国可以被认为后起之秀，近年来其"机器人经济"的基础不断扩大，其在机器人商用领域一直走在世界前列。随着全球科技的迅猛发展，日韩两国在机器人产业的竞争日益激烈。日本致力于通过"机器人革命"战略巩固技术领先地位，推动产业全球发展。韩国则将机器人产业视为国家核心产业，通过立法和计划加大投入，取得了显著的技术进步。两国在机器人技术、政策支持和市场应用方面的探索，对全球机器人产业的未来发展具有重要参考价值。

一、日本："机器人王国"的新战略

日本机器人产业规模增长在国家经济增长中占据的比重显著超过其他国家，这凸显了日本在机器人技术和产业方面的强大实力和深厚底蕴。过去 30 年，日本被称为"机器人王国"，拥有世界上数量最大的机器人用户及机器人设备、服务生产商。机器人产业对日本的经济和社会发展产生了深远的影响，它不仅为国家经济增长注入了强劲动力，还在缓解人口老龄化所带来的一系列社会问题方面发挥了关键作用。在这个领域中，企业以其技术创新的主体地位和技术应用的推动作用，成为日本机器人产业的领军力量。

20 世纪 80 年代至 20 世纪 90 年代初，日本的工业机器人产业迎来了鼎盛时期，其功能之全面、实力之雄厚，仿佛世间无难事。但好景不长，自 20 世纪 90 年代中期开始，欧洲与北美工业机器人产业异军突起，成为一股新势力席卷国际市场，使得市场重心逐渐从东方日本移向西方欧美。然而，历史总是充满转机，在经历了一段时间的低谷后，21 世纪初的曙光为日本工业机器人产业带来了新的希望。周边国家，尤其是中国，对工业机器人的需求如雨后春笋般迅猛增长，同时，日本国内早期投入使用的工业机器人也迎来了更新换代的时机，日本的工业机器人产业重焕生机。

2014 年 6 月，日本政府针对内阁之前通过的"日本复兴战略"进行了重要的修订，其中明确提出了一个全新的构想，即推动以机器人为核心的新一轮工业革命，该革命被简称为"机器人革命"。为了使这一构想从理论走向实践，并确保"机器人革命"目标的顺利达成，同年9月，日本政府正式设立了专门负责此事的"机器人革命实现委员会"。该委员会共计召开了6次会议，深入探讨了与"机器人革命"相关的技术进展、监管制度改革以及机器人技术的国际标准化等具体内容。在这些探论的基础上，日本经济产业省对"机器人革命实现委员会"的探讨成果进行了全面和系统的梳理，并以此为依据精心编制了《日本机器人战略：愿景、战略、行动计划》（以下简称《机器人新战略》）这一重要战略，该战略于2015年1月正式公布。

该战略被视为"日本复兴战略"的核心组成部分。《机器人新战略》明确提出了实现"机器人革命"的三大核心基础工作：首先，日本需大幅提升机器人的生产能力，进一步夯实其作为全球机器人技术创新枢纽的地位；其次，日本必须在国内全力推动机器人的广泛使用和普及，通过不断展示日本在机器人技术领域的执着追求，立志成为世界上机器人应用最先进的国家，使机器人技术渗透到日本人日常生活的每一个角落；最后，日本政府将致力于把"机器人革命"的理念和影响推向全球，期望在建立全球机器人业务的互联网络中，推动制定国际商业准则，实现机器人相关数据的独立积累和有效运用，进而促进日本机器人技术的国际标准化。通过这些工作，日本政府期望将日本的机器人技术引领至更广泛、更深入的应用天地。

《机器人新战略》明确指出，要实现机器人革命，必须围绕三大核心战略展开。第一大核心战略是全面加强世界机器人创新基地的建设，以深化机器人产业的培育能力。这包括增进产业、学术界和政府之间的紧密合作，创造更丰富多样的用户与厂商互动平台，以激发创新思维；同时，全力推进专业人才培养计划，加速下一代技术的研发进程，并积极推动国际标准化的相关工作，为机器人产业的未来发展注入强大动力。

第二大核心战略是构建一个全球领先的机器人应用生态体系，确保机器人在社会各领域中均能发挥显著作用。为了实现机器人在制造业、服务业、医疗卫生、基础设施维护、灾害应对、工程建筑以及农业等多个行业的深度融入与应用，日本政府将从战略高度推动机器人的研发与布局，同时，全力营造一个全面适应机器人应用的社会环境。

第三大核心战略是引领全球迈进机器人与物联网高度融合的新时代。在这个以数据为引擎的时代背景下，高级数据应用的重要性日益凸显。随着互联网将万物紧密相连，人们的日常生活将源源不断地产生巨量数据。更进一步来说，这些数据正逐渐被转化为创造额外价值的重要资产。为应对此类社会变迁，必须制定一套适应机器人与物联网高度融合的新时代的全面战略。因此，该战略将推动机器人之间的互联互通，实现数据的自主存储与应用，并制定相应的规则。同时，日本将积极参与国际标准的制定，确保平台的安全性和标准化，这些工作都是实现战略不可或缺的部分。

此战略发布后，2016 年日本政府关于机器人的预算达到了 2.73 亿美元，相较上一财年的预算激增了 83%。至 2019 年，该预算已增至 3.51 亿美元。为确保战略的有效实施，日本政府精心策划了"五年行动计划（2016—2020 年）"，该计划旨在推动制造业、基础设施、服务业、医疗护理与防灾建设以及农林水产业等多个重要领域的应用与发展。为了进一步落实该计划，2015 年 5 月，机器人革命和工业物联网倡议协议会（Robot Revolution & Industrial IoT Initiative，RRI）应运而生。政府与该组织携手，不仅推进了与机器人相关的研发项目的进程，还组织了诸如国际标准化、监管改革以及机器人奖项与竞赛等跨部门活动。

随着《机器人新战略》的推进，日本机器人产业近年来取得令人瞩目的新成果。2023 年，川崎重工隆重推出了 Kaleido 系列第八代人形机器人（见图 3-1），这一里程碑式的进展彰显了其在机器人技术领域的深厚实力。Kaleido 系列机器人自 2015 年启动研发以来，历经数次迭代升级，最终在 2017 年举行的国际机器人展览会上首次惊艳亮相。Kaleido 系列第八代人形机器人的出炉，不仅代表了公司自身的技术实力，也反映了日本在机器人技术研发方面的整体水平和成熟度，标志日本人形机器人技术的重要进步，彰显了日本在机器人技术领域的领先地位和持续创新能力，这对多个领域都具有重要而深远的意义。

图3-1　川崎重工推出的Kaleido系列第八代人形机器人

二、韩国：颁布《智能机器人开发与普及促进法》

韩国在机器人领域有着显著的发展，特别是在工业机器人密度和使用率方面。韩国曾连续 8 年在工业机器人密度方面排名世界第一，这表明韩国在自动化和机器人技术方面有深厚的实力和应用基础。国际机器人联合会的数据显示，从机器人密度来看，韩国在 2022 年达到 1012 台，位居世界第一，远超排名第二的新加坡（730 台），是德国、日本、中国和美国的 2 ～ 4 倍。

追溯历史，韩国于 1978 年首次在汽车制造中引入了焊接机器人技术。1987 年，政府启动了针对机器人在制造业的"共同核心技术开发项目"，同时大力推行研发扶持政策。然而，1997 年的金融危机导致政府的支持和研发活动几乎陷入停滞。到了 2002 年，由于智能机器人的诞生，政府加大了对该领域的支持，不仅扩大了支持的规模，还提高了组织化程度。仅仅一年后的 2003 年 8 月，机器人产业就被评为"下一代增长引擎行业"的十大关键产业之一。从 2002 年至 2007 年，政府主导了技术研发并着力刺激需求，投入 3.53 亿美元专注于研发，800 万美元用于刺激市场需求，同时还为 1259 个项目提供了 6280 万美元的基础资金。此外，政府在 2007 年 11 月进一步颁布了《智能机器人法》，以推动行业的规范化发展。

为了助力机器人产业蓬勃壮大，韩国于 2008 年出台了《智能机器人开发与普及促进法》，正式把机器人产业视为国家的"掌上明珠"。从 2009 年起，韩国政府下定决心，每 5 年就要精心制订一份"智能机器人基本计划"。而为了让这份计划平稳落地，各个相关部门都付出了极大努力，他们每年都会依照这份计划，制定并执行自己的具体实施方案。

根据《智能机器人开发与普及促进法》的第 5 条规定，韩国于 2009 年正式发布了"第一个智能机器人基本计划（2009—2013 年）"。此计划的重点在于选定 3 个主要的产品类别进行市场推广，并制定相应的推广策略。这 3 个主要的产品类别包括：市场拓展类，主要涉及制造机器人的研发与推广；新市场开拓类，着眼于教育、清洁、监视和侦察等领域机器人的开发；技术领先类，聚焦于外科医疗、交通/运输、家务助理、可穿戴设备、水下/航空航天以及仿生机器人等高科技领域。为实施这一计划，政府投入了总计 6.39 亿美元的资金，其中 72.7% 用于支持研发，以确保通过持续的创新和研发来掌握核心技术，而非简单地模仿过去的成果。到了 2011 年，韩国机器人市场规模已成功突破 16.8

亿美元。

"第二个智能机器人基本计划（2014—2018年）"大力推动了专业领域服务机器人的大型研发项目的进程，同时增强了政府对机器人核心组件及服务的投资力度。此外，该计划还绘制了"七大机器人融合商业战略路线图"，旨在将机器人技术延伸至其他制造和服务行业，并积极寻求与掌握尖端机器人技术的国家和地区展开更广泛的全球合作。这份路线图涉及的7个重点战略领域包括：制造业、汽车业、医疗与康复业、文化业、国防业、教育业以及海洋业。在2014年至2018年的5年中，韩国政府逐年增加对机器人研发的投入，具体预算分别为9190万美元、1.047亿美元、1.08亿美元、1.446亿美元和1.425亿美元，彰显了政府对机器人技术发展的坚定支持与承诺。《2019年世界机器人报告》的统计数据显示，韩国在2018年已经拥有大约30万台可操作工业机器人，该数量创下了历史新高。尤其是这5年（2014—2018年）内，韩国的工业机器人使用量飞速增长，并于2018年达到原先的两倍，在全球范围内紧随日本与中国之后，位列第三。

2019年，韩国实施的"第三个智能机器人基本计划（2019—2023年）"显著促进了公共和私营部门在资源优化配置和系统选型上的协同合作。此计划的重点关注领域包括制造业和特定服务业的机器人科技应用、下一代机器人核心组件的研发，以及关键软件组件的创新，其基本任务如下。

（1）增强对制造机器人的推广力度，力求在2023年前实现累计部署70万台制造机器人的目标，并针对108个工序制定和应用机器人操作的标准模型。

（2）重点扶持护理、可穿戴、医疗、物流四大服务机器人领域的发展。同时，在国防部、农林畜产品部等相关政府部门的引领下，资助多个不同领域机器人的研发与推广，这些机器人具体包括：国防领域的无人水面飞行器和可穿戴增强力量机器人；农业领域的园艺智能农业机器人、无人拖拉机和可控制收割机器人；水下及勘探领域的可监测环境变化的水下机器人、海上事故安全机器人和水下施工机器人；疏散和安全领域的狭窄空间搜索机器人和配备传感器及药物检测装置的远程移动测量设备等。

（3）致力于强化机器人产业的生态系统，通过支持3个下一代核心组件——智能控制器、自主移动传感器和智能抓手的研发，提升其独立性和性能。同时，积极推动4个关键软件组件（包括机器人软件平台、抓取技术软件、图像信息处理软件以及人机交互软件）的独立性发展。此外，为了进一步完善产业生态，政府将增强对减速器、电机、运动控制器等关键硬件的示范和推广支持，以全面提升机器人产业的综合实力和竞争力。

2020年，韩国政府为机器人技术研发划拨了高达1.26亿美元的专项预算，展现了国家对这一领域发展的重视与支持。韩国在机器人技术领域的投资和布局显示了其前瞻性和战略眼光。1.26亿美元的专项预算不仅为技术研发提供了强有力的资金支持，也反映出韩国对于工业机器人市场的浓厚兴趣和长远发展计划。

2022年，韩国产业通商资源部计划投入高达2440亿韩元的资金，以进一步推动工业和服务机器人的研发及普及。相较2021年，这一投入资金增加了10%，充分体现了韩国政府对机器人产业未来发展的高度重视与实质性支持。在工业机器人领域，韩国的举措尤其值得关注。通过加速研发37个机器人标准工程模型，韩国不仅将提升其工业机器人的技术水平和多样性，还将为相关行业提供更加精准、高效的自动化解决方案。同时，通过建立一套完善的数据综合管理系统，韩国将极大地优化机器人的开发和生产流程，从而提高整体产业效能和竞争力。在服务机器人领域，韩国同样具有前瞻性和创新性，其计划实施一系列与生活紧密相关的机器人实证试验，以进一步探索和提升服务机器人在日常生活中的应用价值，这无疑将推动韩国在服务机器人领域取得更多突破。

总之，作为亚洲的发达国家，日韩两国的人形机器人产业政策卓有成效又各有特色。日本作为机器人技术的传统强国，通过"机器人革命"战略巩固了其在全球机器人技术创新与应用方面的领先地位，川崎重工推出的Kaleido系列第八代人形机器人是其技术突破的标志。韩国则通过立法与规划，将推动机器人产业的发展作为国家战略，取得显著成效，如工业机器人密度全球领先。两国在机器人产业的积极探索与成就，为全球提供了宝贵参考。

第三节　欧洲国家的人形机器人产业政策

欧洲国家的人形机器人产业在全球人形机器人产业中占据着重要的地位。欧洲拥有众多知名的机器人研发机构，这些机构在人形机器人的技术研发、生产制造以及商业化应用方面取得了显著成果。一些欧洲国家（如德国、法国等）

在机器人技术研究和应用领域具有深厚的实力。随着机器人技术的不断进步，欧洲多国积极出台相关政策，以提升自身在全球机器人市场的竞争力。从欧盟到欧洲多国，一系列政策不仅彰显了欧洲对机器人技术的高度重视，更展现了其推动产业升级的决心。通过多元化手段，欧洲国家正致力于打造完善的机器人产业生态，谋求在全球市场上占据重要位置。

一、欧盟：启动《欧盟机器人研发计划》

2014 年 6 月，欧盟为了巩固并加强其在欧洲的领导地位，同时确保欧洲在全球的经济和社会影响力，正式启动了《欧盟机器人研发计划》（简称 SPARC）。此计划的核心目标是将机器人技术广泛应用于工厂自动化、航空航天、陆地探测、水下作业、农业生产、医疗健康、紧急救援等多个领域，以及欧洲范围内的其他众多应用场景。欧盟委员会与欧洲机器人协会（euRobotics）开展合作，共同承担实施这一宏伟计划的重任。

该计划在实施过程中采用了公私合作（Public-Private Partnership，PPP）模式进行运作。2013 年 12 月 17 日，时任欧盟委员会副主席内莉·克勒斯（Neelie Kroes）和欧洲机器人协会主席贝恩德·利珀特（Bernd Liepert）分别代表其所在组织正式签署了这一具有里程碑意义的计划。在"地平线 2020[1]"计划的宏大框架下，欧盟委员会慷慨解囊，为《欧盟机器人研发计划》提供了资金支持。根据双方达成的协议，欧盟委员会将投入 7 亿欧元，而欧洲机器人协会投入了 21 亿欧元。这一强大的资金支持将助推《欧盟机器人研发计划》的实施，使其成为全球规模最大的民间资助机器人创新计划，引领机器人技术的创新与发展。

作为 SRA2009（2009 年启动的《欧盟机器人研发计划》的战略研究议程）的升级版，SRA2014—2020（2014 年启动的《欧盟机器人研发计划》的战略研究议程）提出了一个雄心勃勃的目标，即到 2020 年，欧洲机器人技术市场能够占据全球机器人技术市场 42% 以上的份额。此计划不仅立志推动欧洲机器人产业的整体进步，更将研究和创新置于核心地位。该计划深入剖析当前技术状况，精准预见未来需求走向，并积极向新的利益相关方展示欧洲机器人产业的无限

---

[1] "地平线 2020"是欧盟实施创新政策的资金工具，计划周期为 7 年（2014—2020 年），预算总额约为 770.28 亿欧元。"地平线 2020"的目标是确保欧洲产生世界顶级的科学，消除科学创新的障碍，在创新技术转化为生产力的过程中，融合公众平台和私营企业协同工作。

潜力。长久以来，机器人技术市场被简单地分为工业机器人与服务机器人两大阵营。如今，固有的界限正在被打破，人们需以一种全新的视角来重新审视机器人技术市场。伴随着更智能、更协同的工业机器人的兴起，技术正悄然从服务领域融入工业领域，开启一个全新的时代。欧盟委员会指出，提升对核心研究与创新的投入，巩固和发展机器人产业与技术市场具有至关重要的意义。考虑到机器人技术市场的多元化特性，人们需采用新颖的视角来剖析市场格局。在这一进程中，战略研究议程（Strategic Research Agenda，SRA）发挥着举足轻重的作用，它有效地将最终用户所需的产品、服务及其商业模式，与创新市场开拓所依赖的基础技术桥接起来。这种桥接功能对于优化研究资源的配置、实现市场投资效果的最大化而言，具有举足轻重的作用。

在机器人技术市场中，众多独具特色的价值链并存。《欧盟机器人研发计划》的核心使命在于辨识这些价值链，并推动其获得应有的认可与支持。而在此过程中，中小企业的发展及其技术转让能力的培育显得尤为重要，因为它们对于所有价值链的演进起到了不可或缺的推动作用。这种技术转让，无论通过许可方式还是模块化供应方式来实现，都将成为推动整个价值链发展的关键一环。机器人产业链的利益相关者广泛且多样，包括产业与服务组织、商业实体与消费者、政府决策者、研究团体、金融机构、终端用户，以及民间社会的重要代表和舆论领袖等。为了更深入、全面把握各利益相关者对机器人技术的看法和期待，《欧盟机器人研发计划》将积极推动这些不同的群体展开合作、进行沟通交流，旨在减少市场发展的阻碍，并建立有效的沟通机制，进而促成建设性的对话与共识。

二、德国：发布"机器人技术研究行动计划"

根据国际机器人联合会发布的《2023 年世界机器人报告》，2022 年德国在制造业领域的机器人密度为 415 台，这一数字使其在全球排名中位列第三。韩国和新加坡机器人密度分别为 1012 台和 730 台位居前二，而日本和中国机器人密度紧随其后，分别为 397 台和 392 台。值得注意的是，全球平均的机器人密度为 151 台，而德国远超这一水平。机器人的高密度使用促成了德国机器人产业集群规模化。值得一提的是，依托德累斯顿工业大学、开姆尼茨工业大学等知名学府与科研机构，以及大众汽车茨维考工厂等广泛应用工业机器人的制造业领军企业的雄厚实力，德国萨克森州成功缔造了规模宏大的机器人产业集群——"萨克森机器人谷"。如今，萨克森机器人谷已发展成为一个集产学研于一体的完备生态系统，据 2022 年的相关数据，该系统已集聚了 27 家初创企业、337 家成熟企业以及 41 家科研机构，这些企业和科研机构共同推动着机器人技术的创新与发展。

德国机器人产业的蓬勃发展得益于其政府对该产业的大力支持。2019 年，为了支持高科技行业的蓬勃发展，德国政府专门设立了一个国家促进计划，该计划为期 5 年，总投资额超过 5000 万欧元，而机器人产业被视作该计划的关键组成部分。除了为企业提供直接的资金援助，德国还积极推动科研机构实现科研成果的实用化。以波恩大学为主导的科研项目就在 2021 年获得了来自德国联邦教育及研究部（简称"联邦教研部"）225 万欧元的资助，这种资助旨在加速将机器人行业的科研成果转化为日常生活应用，并着力提升机器人与使用者的交互体验。

2023 年 11 月 20 日，德国联邦教研部发布了"机器人技术研究行动计划"，目的在于发掘基于人工智能的机器人技术创新潜能，以实施《研究与创新未来战略》及《人工智能行动计划》。

此计划明确了 4 个重点行动方向，具体如下。

首先，对机器人基础技术进行革新。联邦教研部会持续进行并强化对人工智能和软件工程领域的研究者及中小企业的扶持，资助网络和数字系统安全领域的低延迟、高可靠性通信系统研究，并在微电子领域聚焦于边缘计算、基于人工智能的硬件应用以及智能传感器。

其次，整合顶尖的机器人技术研究。通过设立德国机器人研究所，整合全国各地科研机构的前沿技术成果，并建立联合数据研发平台，以数据共享加快自适应机器人系统的研发速度。

再次，着重培养未来的机器人技术专家。德国机器人研究所将通过系统的教育和培训措施，利用各科研机构的专业知识和能力，开发顶级的人才教育计划，包括学术及专业培训方面的计划，并资助大学生参与机器人的相关国际赛事，以激发他们对机器人技术的兴趣。

最后，推动智能机器人技术的应用。将创新的机器人解决方案引入民用安全领域，通过服务机器人来提升民众的生活质量，设计人性化的机器人以服务于手工业和服务业，开发深海和地球观测机器人，并为工业 4.0 及生产过程的进一步深化研发机器人技术。

三、法国：鼓励企业引入机器人

2024 年 3 月 11 日，在法国南部城市蒙彼利埃，多家知名科研机构联手启动了一项重要的国家科研项目 —— "有机机器人"。此项目的核心使命在于突破现有机器人技术的限制，开发出能够与人类实现无障碍沟通并高度融入社会环境的新型机器人，从而引领机器人技术达到新的高度。"有机机器人"项目致力于整合数字科学、工程科学、社会科学等多个学科领域的知识。项目将从机械设计、运动研究以及行为决策等多个角度切入，对机器人技术进行全面的重新审视。该项目的目标是创新研发出一种在原则、行为、性能和用途上均能够高度适应社会需求的新一代机器人，并在研发过程中保持对社会问题的复杂性的开放和深入探索的态度。

早在 2013 年，法国政府便极具前瞻性地颁布了《法国机器人发展计划》，并投入高达 1 亿欧元的资金，旨在激励广大企业，尤其是充满活力的中小企业，积极运用机器人技术，从而助力机器人产业步入持续增长的轨道。在这一宏伟蓝图的指引下，法国特设机器人产业专项基金，巧借外力，吸引国际资本注入，同时辅以政府补贴，为近 250 家企业运用机器人技术提供了实实在在的支持。不仅如此，法国在科研及人才培养方面的投入也显著提高，到 2022 年已有 60 余家机器人研究实验室如雨后春笋般涌现，为行业的蓬勃发展注入了源源不断的创新活力。

2021 年 11 月，法国总统马克龙对外宣告，将投入 8 亿欧元的巨资，全力推动机器人产业的蓬勃发展。其中，约 4 亿欧元将专门用于研发融合尖端人工智能技术的新一代机器人，以期实现人工智能、大数据处理、云计算等前沿信息技术与机器人产业的完美交融。到了 2022 年 3 月，法国更进一步，推出了名为 FIRST 的机器人产业发展计划。该计划将产业、学术和研究三大领域融为一体，致力于将科研成果转化为实际应用，真正做到学以致用。同时，通过有效整合学校与企业的资源，该计划还着眼于向年轻人普及机器人技术，从而为未来机器人领域输送源源不断的专业人才。机器人领军企业 OnRobot 的首席执行官恩里科·伊费森对法国政府的这一系列举措表示高度赞赏：在如今旺盛的市场需求下，机器人行业蕴藏着无穷的潜力，而政府的支持无疑将推动整个行业朝着更高端、更智能的方向发展。

近年来，法国启动了"法国 2030 投资计划"，该计划涵盖众多前沿科研项目，其中便包括新启动的"有机机器人"项目。该项目将由法国原子能和替代能源委员会、法国国家科学研究中心以及法国国家信息与自动化研究所等科研机构联手引领，共同推进研发进程。据悉，该项目在接下来的 8 年里将获得 3400 万欧元的资金支持，这无疑为法国对机器人技术的深入探索和创新提供了坚实保障。

四、英国：将机器人与自主系统列为关键技术

2021 年，英国 Engineered Arts 公司推出了机器人 Ameca（见图 3-2），该机器人被誉为全球最尖端的人形机器人之一。Ameca 重达 49 千克，身高为 1.87 米，整个机体由 52 个模块组成，能实现 51 种不同的关节活动。它不仅具备与人对话的能力，还拥有非常丰富的面部表情，甚至可以做出细腻的动作和微表情，就像一个真实的人。

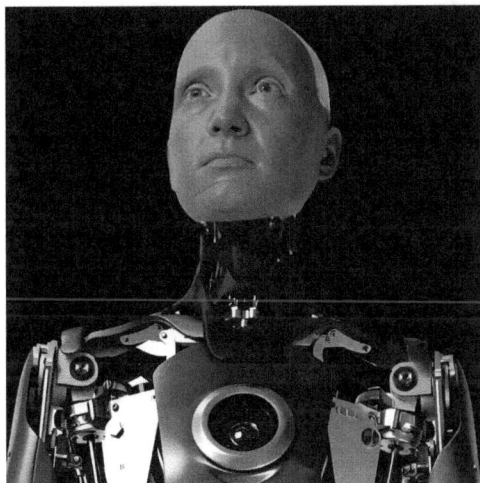

图3-2　机器人Ameca

Engineered Arts 由威尔·杰克逊（Will Jackson）创立于 2004 年 10 月，是英国领先的人形娱乐机器人的设计者和制造商。

2012 年，为了支持英国产业战略在重塑经济、就业与增长之间的平衡方面所做的努力，英国政府明确将机器人与自主系统（Robotics and Autonomous System，RAS）列为 8 项关键技术之一，将其作为未来推动经济增长的行业战略的关键领域。2012 年，英国技术战略委员会（Technology Strategy Board，TSB）组织了一系列圆桌论坛，邀请了政府、产业界和学术界的重要利益相关者参与

会议。随后，英国于 2013 年成立了机器人与自主系统特别兴趣小组（Robotics and Autonomous System-Special Interest Group，RAS-SIG）。此小组旨在深入探索英国机器人与自主系统领域的现状与潜在机遇，搭建研究员、企业家和公务员之间的沟通桥梁，并策划国家战略，以整合各方资源，为政府未来的资源配置和组织架构提供指导。

2016 年，英国政府发布了"机器人与自主系统战略"（RAS2020），旨在支持英国产业战略，平衡经济、就业和增长之间的关系。为了确保英国机器人产业能在全球激烈竞争中脱颖而出，英国技术战略委员会拨出 6.85 亿美元作为该战略未来一年的发展基金。其中，2.57 亿美元将专门投入机器人与自主系统的研发工作。此项战略旨在于 2025 年夺取全球机器人市场 10% 的份额，预计价值高达 120 亿美元，此举展现了英国对机器人产业的宏大愿景与坚定决心。这一目标的设定，不仅为英国机器人产业的发展指明了方向，也为相关企业和研究机构提供了清晰的市场预期。

这些政策具有明确的目标规划、大力的投资支持、全面的战略要素考虑，同时注重创新生态系统建设、前瞻性的测试中心建设以及宣传与公众参与。英国希望通过这一系列政策推动其在机器人与自主系统领域取得重要突破，并在全球市场中占据重要地位。

欧洲国家在人形机器人产业中展现出强劲实力，通过一系列政策不仅提升了欧洲在全球机器人市场的地位，还显著促进了技术创新与产业升级。通过政府的支持、科研机构的努力以及企业的积极参与，欧洲国家在人形机器人产业取得了显著成就，为全球机器人产业的发展树立了榜样。这些政策的实施，为欧洲机器人产业的未来发展奠定了坚实基础，同时也为全球机器人市场的繁荣作出了重要贡献。

第一章　人形机器人产业研究

第四章

我国国家战略部署

　　国家战略部署是推动人形机器人产业发展的关键力量。随着全球人形机器人市场的日益扩大，多国政府纷纷将目光投向了这一领域，制定并实施了一系列战略规划和政策措施。我国作为全球最大的机器人市场之一，国家战略部署对于人形机器人产业的发展具有举足轻重的作用。本章将详细解析我国在人形机器人产业方面的战略部署，探讨政策如何引领产业创新、促进技术进步，并推动人形机器人在各个领域的广泛应用。通过深入了解我国的国家战略部署，读者可以洞察我国在这一新兴产业中的雄心与布局，以及相关政策在未来可能带来的深远影响。

第一节 人形机器人产业政策历程

人形机器人作为未来科技的重要领域，在我国国家战略部署中占据重要地位。自2006年以来，我国政府通过连续的战略规划和政策措施，不断推动人形机器人及相关产业加速发展。相关政策从初期支持一般性技术研发的综合性政策，逐渐发展到近年来的专项性政策和关联性政策，旨在促进技术创新、市场拓展以及产业的协同发展。本节将系统回顾这一政策历程，揭示人形机器人产业在我国国家战略部署中的重要地位，并展望其未来的发展趋势。

一、政策发展过程与逻辑

我国政府高度重视人形机器人产业的发展，尽管直接针对人形机器人产业的专项性政策较少，但从国家到地方层面均出台了一系列机器人产业政策文件，因为机器人是人形机器的上位概念，涵盖范围广泛，所以这些政策文件实际上也为人形机器人产业的发展提供了有力的政策支持和引导，促进了人形机器人产业的健康、快速发展。我们发现，作为机器人概念的一个子集，人形机器人已经被纳入更广泛的机器人产业政策之中，享受着政策带来的红利。因此，本节及本章第二节所讨论的机器人产业政策，在很大程度上可以看作人形机器人产业政策。

早在2006年，中华人民共和国国务院（简称"国务院"）就发布了《国家中长期科学和技术发展规划纲要（2006—2020年）》，其中已经明确了对机器人产业发展的扶持措施，将智能服务机器人列为先进制造技术的重要组成部分，并强调了在智能控制和应用系统集成等方面，解决机器人在制造业应用的共性技术问题的重要性。2011年左右，我国机器人产业政策集中涌现，2021年以后进入高峰期，我国在这段时间密集出台多个机器人产业规划和指导意见。总体来看，这些机器人产业政策支持力度大、覆盖面广泛。从中华人民共和国国家发展和改革委员会（简称"国家发展改革委"）、工信部到中华人民共和国财政部（简称"财政部"）和国家税务总局，多个政府部门都出台了相关政策来推动机器人产业的发展。这些政策不仅涵盖技术研发、标准制定、测试验证、产业应用等多个方面，还涉及税收、人才培养和引进等配套措施，为机器人产业的全面发展提供了有力的政策保障。

从政策发展过程分析，早期的机器人产业政策较多关注工业机器人领域，重视机器人在装备制造业的应用，这与早期我国制造业在各产业中占比较高的产业发展状况相符，工业机器人能够直接提升制造业的生产效率和产品质量，对于增强我国制造业的国际竞争力具有重要意义。随着技术的进步和产业的发展，机器人产业政策的关注点逐步扩展到专用制造装备和专用机器人领域，强调提高机器人的应用深度和广度，重视机器人技术和其他技术的渗透结合，重视机器人产业和其他产业的融合发展。这种跨界融合的思路为机器人产业的发展注入了新的活力，也推动了相关产业的协同创新。但任何时期的机器人产业政策都强调在机器人核心技术和关键零部件方面取得突破，多个政策提及要加大机器人核心技术的研发投入，这与中国机器人产业的后发追赶特征有关。

通过系统梳理国家层面的机器人产业政策，大致可以将机器人产业政策分为综合性政策、专项性政策和关联性政策 3 类，3 类政策共同构成人形机器人的产业政策体系。

二、综合性政策：立足宏观布局与长远规划

所谓综合性政策，就是不专门针对某一具体产业，而是针对多个产业的政策，其中包含对机器人产业的规定，如表 4-1 所示。如《国家"十二五"科学和技术发展规划》《关于推动未来产业创新发展的实施意见》等政策，虽然不是专门针对机器人产业的规范性文件，但是体现了国家对机器人产业的战略部署，能够反映机器人产业在国家产业体系中的地位和作用，具有很强的宏观指导性。通过政策梳理可以发现，从机器人的类别看，工业机器人和服务机器人是国家长期专注的重点，专用机器人、轻工业机器人近年来受到广泛关注；从机器人的技术构成看，国家对核心技术和功能部件的关注格外突出。

例如，2011 年中华人民共和国科学技术部（简称"科技部"）发布《国家"十二五"科学和技术发展规划》，该文件把发展工业机器人、服务机器人作为高端装备制造的重要内容，并且明确研发重点为模块化核心技术和功能部件。

2018 年出台的《首台（套）重大技术装备推广应用指导目录（2017 年版）》也针对工业机器人的关键零部件等主要技术指标做出了明确、细致的规定，为机器人产业提供了明确的技术方向和支持框架，有助于推动中国机器人产业的

持续创新和高质量发展。此外，从技术创新与融合看，近年来政策开始强调机器人技术与新技术［如第五代移动通信技术（Fifth Generation Mobile Communication Technology，5G）、数字孪生、大数据、人工智能等］的融合应用，以促进产业升级和创新发展。例如，《5G应用"扬帆"行动计划（2021—2023年）》就主要突出机器人技术与5G的融合创新；《"十四五"智能制造发展规划》则注重数字孪生、大数据、人工智能等新技术对机器人技术的渗透和融合。

表4-1　国家层面机器人产业综合性政策

发布时间	发布机构	政策名称	相关核心内容
2006年2月	国务院	《国家中长期科学和技术发展规划纲要（2006—2020年）》	以服务机器人和危险作业机器人应用需求为重点，研究设计方法、制造工艺、智能控制和应用系统集成等共性基础技术
2011年7月	科技部	《国家"十二五"科学和技术发展规划》	开展服务机器人模块化体系结构研究，重点发展服务机器人机构、感知、控制、交互和安全等模块化核心技术和功能部件。发展工业机器人、智能控制、微纳制造、制造业信息化等相关系统和装备，重点研发工业机器人的模块化核心技术和功能部件、重大工程自动化控制系统和智能测试仪器及基础件等技术装备
2018年1月	工信部	《首台（套）重大技术装备推广应用指导目录（2017年版）》	数控机床与机器人、工业机器人（含RV减速器、伺服电机、控制系统）、桁架机器人的多机械手集成系统等主要技术指标
2021年7月	工信部等十部门	《5G应用"扬帆"行动计划（2021—2023年）》	发展基于5G技术的智能家电、智能照明、服务机器人等；实施5G在油田油井、管线、机器人智能巡检、危化品运输监控等业务场景的深度应用；加快智能农机、农业机器人在无人农业作业试验等农业生产环节中的5G应用创新；开展5G医用机器人、5G急救车等产品的研发
2021年12月	工信部等八部门	《"十四五"智能制造发展规划》	大力推广面向工序的专用制造装备和专用机器人；研发智能焊接机器人、智能移动机器人、半导体（洁净）机器人等工业机器人；研发融合数字孪生、大数据、人工智能等新技术的协作机器人、自适应机器人等新型装备

续表

发布时间	发布机构	政策名称	相关核心内容
2022年6月	工信部、中华人民共和国人力资源和社会保障部（简称"人社部"）等五部门	《关于推动轻工业高质量发展的指导意见》	升级创新产品制造工程，研究推杆式无线吸尘器、扫地机器人等新兴小家电，互联网智能家电全场景解决方案；数字化发展推进工程，发展白酒酿造机器人等轻工机械
2023年6月	工信部	《关于开展2023年工业和信息化质量提升与品牌建设工作的通知》	提升电子装备、数控机床和工业机器人的安全性和可靠性水平，积极开展整机产品、零部件等对标验证，持续推进工业机器人关键核心技术验证与支撑保障服务平台能力建设
2024年1月	工信部等七部门	《关于推动未来产业创新发展的实施意见》	打造全球领先的高端装备体系，突破人形机器人、量子计算机、超高速列车、下一代大飞机、绿色智能船舶、无人船艇等高端装备产品，以整机带动新技术产业化落地

资料来源：根据相关国家机关官网政策文件整理。

三、专项性政策：完善机器人产业体系

专项性政策承接国家产业的宏观布局与长远规划，聚焦机器人产业具体内容，既包括服务于机器人产业的整体规划指导，也包括针对特定领域的机器人产业政策意见，如表4-2所示。通过梳理专项性政策可以发现，突破核心技术和关键零部件是国家政策的核心关注点，同时，完善机器人产业体系是国家政策的重要目标。此外，专项性政策对机器人产业的市场应用也较为关注。

例如，《工业和信息化部关于推进工业机器人产业发展的指导意见》就要求，围绕市场需求，力求在核心技术上取得突破。这意味着我国需要深入进行对工业机器人系统集成、设计、制造以及试验检测等核心技术的探索与研究。同时，我国还需突破伺服电机、精密减速器、伺服驱动器、末端执行器以及传感器等关键零部件的技术瓶颈，并将这些技术成果转化为实际的生产力。

《"十四五"机器人产业发展规划》提出，加强核心技术攻关，突破机器人系统开发、操作系统等共性技术，把握机器人技术发展趋势，研发仿生感知与认知、生机电融合等前沿技术。此外，针对低水平重复建设、高端产业低端化以及重眼前利益、轻长远发展等情况，国家关注到机器人产业健康、有序发展方面存在的问题，专门出台《关于促进机器人产业健康发展的通知》《工业机器人行业

规范管理实施办法》等政策，推动机器人产业健康、有序发展。

《"机器人＋"应用行动实施方案》则聚焦机器人应用拓展，提出十大应用重点领域，包括制造业、农业、建筑、能源、商贸物流、医疗健康、养老服务、教育、商业社区服务、安全应急和极限环境应用等。

表4-2　国家层面机器人产业专项性政策

发布时间	发布机构	政策名称	重点目标与主要任务
2013年12月	工信部	《工业和信息化部关于推进工业机器人产业发展的指导意见》	围绕市场需求，突破核心技术；培育龙头企业，形成产业集聚；突出区域特色，推进产业布局；推动应用示范，促进转型升级；加强总体设计，完善标准体系
2016年4月	工信部、国家发展改革委、财政部	《机器人产业发展规划（2016—2020年）》	经过5年的努力，形成较为完善的机器人产业体系。技术创新能力和国际竞争能力明显增强，产品性能和质量达到国际同类水平，关键零部件取得重大突破，基本满足市场需求
2016年12月	国家发展改革委、工信部等三部门	《关于促进机器人产业健康发展的通知》	推动机器人产业理性发展；强化技术创新能力；加快创新科技成果转化；加强零部件等关键短板突破；开拓工业机器人应用市场；推进服务机器人试点示范；建立认证采信制度等
2017年7月	工信部	《工业机器人行业规范管理实施办法》	促进工业机器人行业持续健康发展，对符合条件的工业机器人企业实行公告管理
2021年12月	工信部等十五部门	《"十四五"机器人产业发展规划》	到2025年，我国成为全球机器人技术创新策源地、高端制造集聚地和集成应用新高地。一批机器人核心技术和高端产品取得突破，整机综合指标达到国际先进水平，关键零部件性能和可靠性达到国际同类产品水平。形成一批具有国际竞争力的领军企业及一大批创新能力强、成长性好的专精特新"小巨人"企业，建成3～5个有国际影响力的产业集群
2023年1月	工信部等十七部门	《"机器人＋"应用行动实施方案》	聚焦十大应用重点领域，突破100种以上机器人创新应用技术及解决方案，推广200个以上具有较高技术水平、创新应用模式和显著应用成效的机器人典型应用场景，打造一批"机器人＋"应用标杆企业，建设一批应用体验中心和试验验证中心

发布时间	发布机构	政策名称	重点目标与主要任务
2023年10月	工信部	《人形机器人创新发展指导意见》	到2025年，人形机器人创新体系初步建立，"大脑、小脑、肢体"等一批关键技术取得突破，确保核心部组件安全有效供给。到2027年，人形机器人技术创新能力显著提升，形成安全可靠的产业链供应链体系，构建具有国际竞争力的产业生态，综合实力达到世界先进水平
2023年12月	中华人民共和国应急管理部、工信部	《关于加快应急机器人发展的指导意见》	到2025年，研发一批先进应急机器人，大幅提升科学化、专业化、精细化和智能化水平；建设一批重点场景应急机器人实战测试和示范应用基地，逐步完善发展生态体系；应急机器人配备力度持续增强，装备体系基本构建，实战应用及支撑水平全面提升

资料来源：根据相关国家机关官网政策文件整理。

四、关联性政策：机器人产业与其他产业协同发展

关联性政策并不是专门为机器人产业制定的，而主要是为其他产业制定的，但其内容涉及机器人产业，对机器人产业的发展也有一定的影响和促进作用，如表4-3所示。这类政策包括《关于促进劳动力和人才社会性流动体制机制改革的意见》《智慧健康养老产业发展行动计划（2021—2025年）》《推进家居产业高质量发展行动方案》等，其内容都涉及机器人技术和产业，主要聚焦机器人产业的社会影响和应用场景。

中共中央办公厅、国务院办公厅发布的《关于促进劳动力和人才社会性流动体制机制改革的意见》中，虽然主要关注劳动力和人才的流动，但也提到了新技术，特别是机器人技术对就业的影响。这表明政策制定者已经意识到机器人技术对劳动力市场可能产生的深远影响，并在政策层面予以关注。工信部、中华人民共和国民政部（简称"民政部"）、中华人民共和国国家卫生健康委（简称"国家卫健委"）发布的《智慧健康养老产业发展行动计划（2021—2025年）》主要聚焦机器人技术在智慧健康养老等领域的应用，为推动机器人技术的普及和产业化提供了政策支持。工信部、中华人民共和国住房和城乡建设部（简称"住房城乡建设部"）等部门发布的《推进家居产业高质量发展行动方案》，明确提出了推动适老化家电家具、健康电器、生活服务类机器人等产品研发应用。这一政策对于机器人产业，特

别是家用机器人和服务机器人的发展具有积极的推动作用。

表4-3 国家层面机器人关联系政策

发布时间	发布机构	政策名称	重点目标与主要任务
2019年12月	中共中央办公厅、国务院办公厅	《关于促进劳动力和人才社会性流动体制机制改革的意见》	研究机器人、人工智能等技术对就业影响的应对办法
2021年10月	工信部、民政部、国家卫健委	《智慧健康养老产业发展行动计划（2021—2025年）》	攻关适用于家庭服务机器人的环境感知、脑机接口、自主学习等关键技术；支持发展能够提高老年人生活质量的家庭服务机器人
2022年8月	工信部、住房城乡建设部等	《推进家居产业高质量发展行动方案》	推动适老化家电家具、健康电器、生活服务类机器人等产品研发应用

资料来源：根据相关国家机关官网政策文件整理。

　　总之，综合性政策主要从宏观层面为机器人产业提供规划指导，确保产业的发展方向与国家战略目标保持一致。专项性政策则针对机器人产业中的具体领域进行规定和扶持，以推动产业的快速发展。而关联性政策则关注机器人产业与其他相关产业的协同发展，以形成更加完整的产业链。这些政策构建了一个完善的产业政策体系，展示了我国政府在促进人形机器人产业发展方面的全面规划和战略布局。这些政策不仅关注技术创新和市场应用，还强调产业体系的完善和产业的健康发展，为人形机器人产业的未来发展奠定了坚实的基础。

　　值得注意的是，这些政策对人形机器人的关注还是不够的。2023年10月，我国又出台了专项性政策《人形机器人创新发展指导意见》，该意见提出我国人形机器人产业发展目标：到2025年人形机器人创新体系初步建立，到2027年人形机器人技术创新能力显著提升，综合实力达到世界先进水平。展望未来，我国有望持续加大人形机器人领域的政策支持力度，推动人形机器人产业更上一层楼。

第二节　重点政策及发展趋势剖析

　　2023年10月20日发布的《人形机器人创新发展指导意见》（以下简称《意

见》）无疑是我国近年来关于人形机器人产业最为重要的政策文件之一。此前，虽然国家出台了众多机器人产业政策，但直接涉及人形机器人的政策并不多。《意见》是迄今为止唯一一个直接针对人形机器人产业的专项性政策，其明确提出我国未来人形机器人产业的发展目标，并围绕突破关键技术、培育重点产品、拓展场景应用、营造产业生态、强化支撑能力及保障措施等主要任务做了全面、系统的阐释。《意见》的发布对于人形机器人未来的发展具有重要的里程碑意义，表明了国家发展人形机器人产业的坚定决心。

一、明确未来产业新赛道地位

《意见》提出，"人形机器人集成人工智能、高端制造、新材料等先进技术，有望成为继计算机、智能手机、新能源汽车后的颠覆性产品""人形机器人技术加速演进，已成为科技竞争的新高地、未来产业的新赛道、经济发展的新引擎"。这一表述明确将人形机器人技术定位为未来产业的新赛道，把人形机器人技术置于非常重要的位置，对未来人形机器人产业的发展具有重要的指导意义。

根据业内专家的观点，生成式人工智能与人形机器人的结合将推动我们进入"具身智能"的新纪元，而具备"具身智能"特性的人形机器人则被视为人工智能发展的最高阶段产物。在2023世界机器人大会上，工信部副部长徐晓兰明确指出，当前通用人工智能技术已取得了显著的突破性成果，这一重大进展为人形机器人的创新发展注入了强大的动力。我们正身处人形机器人与通用人工智能相互融合、共同发展的热潮之中。

《意见》的及时出台无疑是顺应人工智能发展大潮的明智之举，释放出国家大力发展人形机器人产业的积极信号。《意见》实际上从国家层面明确了发展人形机器人和构建人形机器人创新体系的政策导向。从资本视角来看，《意见》有利于消除未来企业在研发过程中的资金担忧，全面激发人形机器人产业的潜力，有望为人形机器人产业提供更多的资金支持，创造更为广阔的发展空间。

二、引导突破关键技术

《意见》强调突破关键技术，包括打造人形机器人"大脑"和"小脑"、突破"肢体"关键技术、健全技术创新体系。此前出台的机器人相关政策中也多次提到突破关键技术，此次出台的《意见》针对人形机器人产业再次重申突破关键技术，凸显其异乎寻常的重要意义，也反映出突破关键技术并非一蹴而就，而需要久久为功、持续发力。

尽管我国的人形机器人产业近年来取得了一些进展，但在几个关键细分领域仍面临挑战，包括关键组件、操作系统和集成产品的开发能力不够强，以及缺乏领先企业和支持性的行业生态系统。为了应对这些挑战，政府应加强政策指导，汇集资源促进关键技术创新，并培育强大的行业生态系统。《意见》的出台无疑回应了这一需求，体现了国家对于人形机器人技术创新的高度重视，对产业发展中关键技术突破的支持，有利于引导各方力量实现关键技术的突破。

1. 打造人形机器人"大脑"

打造人形机器人"大脑"主要指研发以人工智能大模型为核心的中枢系统，旨在通过提升机器人的环境感知、行动掌控以及人机互动等能力，使机器人能够更加智能地理解和响应外界环境，实现更高级别的自主决策和行动。此外，推动云端和边缘端智能协同部署，也是打造人形机器人"大脑"的重要一环，并且能够使机器人在动态开放环境下实现感知与控制的实时反馈。

2. 打造人形机器人"小脑"

打造人形机器人"小脑"主要指研发高效的运动控制算法，并建立稳定的网络控制系统架构。通过搭建运动控制算法库，人形机器人可以在各种复杂环境中稳定、灵活地运动，提高其执行任务的效率和准确性。同时，网络控制系统架构相当于为机器人的"肢体"和"器官"搭建的一座高效沟通的桥梁，这座桥梁能够确保机器人各部分之间的协调运动，实现整体性能的优化。

3. 突破"肢体"关键技术

突破"肢体"关键技术包括骨架结构、传动机构等技术的研发和创新。通过优化机械结构，提高运动性能和承载能力，人形机器人能够更好地适应各种应用场景的需求。同时，对于"肢体"关键技术的细分技术，如"上肢""下肢"和"躯干"等关键技术的突破，也将进一步提升人形机器人的操作精度和稳定性。

"大脑""小脑""肢体"3个部分代表了人形机器人主干的细分方向，蕴藏着巨大的发展潜力，大力发展这3个部分是人形机器人发展的重要方向，也是培育新兴企业、推动人形机器人产业发展的核心力量。《意见》的发布无疑将为相关产业提供巨大的牵引力，这些产业的细分领域未来有望诞生各自的专精特新企业，从而为经济增长提供新的动力。

《意见》还提出，夯实基础部组件，聚焦人形机器人专用传感器，发展高功率密度执行器等，由此，产业链的相关零部件企业将迎来重大发展机会。国泰君安认为，随着国内外人形机器人产业发展加速，人形机器人中价值较高的力矩传感器、行星滚柱丝杠、谐波减速器、空心杯电机等核心部件具有较大市场空间。西南证券认为，人形机器人为国内相关产业链带来包括减速器、无框力矩电机、空心杯电机、丝杠等部件的发展机遇。

4. 健全技术创新体系

《意见》还提出"健全技术创新体系"，这是培育人形机器人行业强大创新生态系统的关键一步。《意见》提出"凝练关键技术、物料、企业、制造装备、质量、标准、关键软件等清单"，通过明确技术创新体系具体构成要素，更有针对性地推进技术研发和产业布局，确保资源的有效利用。《意见》提出的"精准推进'补短锻长'"，体现了政策对于产业发展中短板和长板的清晰认识，要求在明确产业现状的基础上，精准地找到短板并进行补充，同时进一步锻造长板，以实现产业的均衡发展。

《意见》提出"支持龙头企业牵头联合产学研用组成创新联合体"，这是推动技术创新的一种有效模式。通过龙头企业的引领作用，联合产业链上的各方力量，包括科研机构、高校和企业等，形成合力进行技术攻关和产品研发。《意见》强调"加强关键技术和产品攻关"，表明在明确技术创新的方向后，加强对关键技术和产品的重点研发，通过集中力量进行攻关，有望取得突破性的进展。

《意见》还提出"加快人形机器人与元宇宙、脑机接口等前沿技术融合"。这一政策内容展示了对于技术融合趋势的敏锐洞察。通过与元宇宙、脑机接口等前沿技术的结合，人形机器人有望实现更多的功能和覆盖更多的应用场景。这意味着，未来的人形机器人产业将不仅仅局限于传统的机械操作和简单的智能交互，而是通过与元宇宙、脑机接口等技术的结合，实现更加智能化、自主化和沉浸式的交互体验。

三、指导拓展场景应用

《意见》还提出拓展场景应用，对特种领域、制造业典型场景、民生及重点行业3类方向提出具体的意见措施，即"服务特种领域需求，打造制造业典型场景，加快民生及重点行业推广"。这一政策内容具有重要的指导意义和实践价值，将推动人形机器人在不同领域的应用和发展，为社会经济发展贡献力量。

1. 服务特种领域需求

《意见》强调人形机器人在特种领域的应用，在这种场景下的人形机器人更像一个"铁血战士"。特种领域通常指的是环境恶劣、危险或者人类难以直接操作的场景，如深海探测、空间探索、危险物品处理等。人形机器人因其独特的仿人形态和灵活性，有望在特种领域中发挥重要作用。政策鼓励研发服务特种领域需求的人形机器人，强化其在复杂环境下的感知、决策和执行能力。

2. 打造制造业典型场景

《意见》旨在推动人形机器人在制造业中的广泛应用。随着制造业的转型升级，自动化和智能化成为重要发展趋势。人形机器人因其灵活性和多功能性，有望在制造业中发挥独特优势，特别是在装配、检测、维护等工序中。政策鼓励在制造业重点领域，如计算机、通信、消费电子产品、汽车等，构建人形机器人的标杆生产线与智能制造工厂，旨在促进其在制造业典型场景中的广泛应用，实现与制造业的深度融合。在这种场景下，人形机器人无疑是典型的"劳模"或"工匠"。

3. 加快民生及重点行业推广

《意见》还重点关注人形机器人在民生及重点行业的应用推广，使其更贴近老百姓的日常生活，成为走"亲民"路线的"亲善大使"。在医疗、家政、农业、物流等领域，人形机器人有望提供便捷、高效的服务，提高生活质量和行业效率。政策鼓励开发具有人机交互可靠性、安全性的解决方案，以满足高品质生活和行业应用需求。

四、探索"机器人即服务"的新模式

《意见》提出探索"机器人即服务"（Robot as a Service，RaaS）的新模式，加速人形机器人低成本、灵活部署与应用。"机器人即服务"是一个很新的提议，旨在推动人形机器人以更低的成本和更高的灵活性进行部署与应用。这是一个颇具创新性的提议，大有"旧时王谢堂前燕，飞入寻常百姓家"的意味，有助于人形机器人以更低的成本进入人们的日常生活和其他应用场景。业内专家认为，这一提法清晰地表明了国家希望人形机器人能够以低成本且灵活的方式部署与应用，而非作为一种奢侈品进入人们的日常生活。

机器人即服务是一种将机器人作为服务提供的商业模式。它类似于软件即服务（Software as a Service，SaaS），后者是一种通过互联网提供软件应用的模式。在 RaaS 模式下，客户无须购买和维护机器人，而是订阅服务并按使用情况付费。这种模式是针对传统机器人采购模式所带来的高额购买费、高昂的日常维护保养费用以及高退出成本等问题而推出的全新的商业模式。该模式提供灵活的解决方案，具体包括如下内容。短期租赁选项：企业或个人可以选择短期租赁机器人，从而避免了高昂的初期投资和长期的资产负担。系统代运营服务：除了提供机器人设备，企业还负责系统的运营和维护，用户只需支付相对较低的服务费。通过选择 RaaS 模式，用户仅需支付较低的服务费，即可轻松使用机器人，大大降低了使用门槛和总体成本。这种创新的商业模式不仅为企业和个人提供了更为经济、高效的机器人解决方案，还推动了机器人技术的广泛应用和行业的持续发展。

以医疗领域为例，直觉外科采用 RaaS 模式推广达·芬奇手术机器人。医疗机构只需每年支付培训和维护服务费，即可使用该机器人。这种模式使医疗机构在避免购买昂贵设备的成本负担的情况下，能够获得专业的培训和维护服务。2021 年，共有 668 台达·芬奇手术机器人采用 RaaS 模式投入使用，带来约 2.77 亿美元的营业收入。

《意见》提出探索"机器人即服务"的新模式，是一项具有前瞻性、战略性的举措，有望有效降低机器人应用成本，推动人形机器人产业快速发展，并深刻变革人类生产生活方式。值得注意的是，RaaS 模式尚处于发展初期，面临一些挑战，例如服务标准不统一、商业模式不成熟、法律法规不完善等，这就需要相关部门和企业共同努力，细化政策引导，推进技术创新和标准制定，从而推动 RaaS 模式健康发展。

综上所述，《意见》为人形机器人产业的未来发展指明了方向，并提出了具体的实施路径。突破关键技术、夯实基础部组件、健全技术创新体系等措施，旨在打造具有全球竞争力的人形机器人产业。同时，《意见》还强调了培育重点产品、拓展场景应用、营造产业生态等主要任务，以推动人形机器人与通用人工智能的融合发展。此外，RaaS 模式的提出，为人形机器人产业的创新发展提供了新的思路。

第五章

我国地方产业政策及发展

　　在探讨人形机器人产业发展时，我们不仅要关注国家层面的战略布局，还需深入了解地方层面的政策动向。地方政策作为国家战略的延伸和细化，对于推动人形机器人产业的区域化、特色化发展具有重要作用。一些地方政府根据自身的产业基础、资源优势和市场需求，制定了一系列具有针对性的政策，以激发创新活力，促进产业聚集，打造具有地方特色的人形机器人产业链。本章将聚焦我国一些地方政府的产业政策及其对人形机器人发展的影响，分析不同地方如何结合自身特点，推动人形机器人产业的蓬勃发展，从而揭示地方政策在产业比拼中的独特作用和价值。

第一节 北京：建设人形机器人产业创新中心

2023 年，北京市人形机器人产业政策集中出台，其中主要政策有 3 个，分别为由北京市人民政府办公厅发的《北京市机器人产业创新发展行动方案（2023—2025 年）》（以下简称《行动方案》）、由北京市经济和信息化局发的《北京市促进机器人产业创新发展的若干措施》（以下简称《若干措施》）以及由北京经济技术开发区管理委员会发布的《北京经济技术开发区机器人产业高质量发展三年行动计划（2023—2025 年）》（以下简称《行动计划》），如表 5-1 所示。尽管这 3 个政策都是关于机器人产业的政策，都涉及人形机器人，但它们在层级、目标和具体措施上各有侧重，相互呼应和补充，共同组成了北京市关于人形机器人产业发展的政策体系。其中，《行动方案》属于市级层面的顶层设计和全面规划，《若干措施》更侧重于具体实施细则和激励措施，而《行动计划》则针对北京经济技术开发区内的机器人产业发展进行具体规划和指导。

表5-1 北京市人形机器人产业主要政策

发布时间	发布机构	政策名称	相关核心内容
2023年6月	北京市人民政府办公厅	《北京市机器人产业创新发展行动方案（2023—2025年）》	全力建设全球机器人技术创新策源地、应用示范高地和高端产业集聚区。对标国际领先人形机器人产品，支持企业和高校院所开展人形机器人整机产品、关键零部件攻关和工程化，加快建设北京市人形机器人产业创新中心。提升医疗健康、协作、特种、物流4类机器人技术水平和市场竞争力
2023年8月	北京市经济和信息化局	《北京市促进机器人产业创新发展的若干措施》	提升机器人关键技术创新能力。组建人形机器人创新中心，开展关键共性技术研究。推动机器人产业集聚发展。加快"机器人+"场景创新应用。强化机器人标准引领

续表

发布时间	发布机构	政策名称	相关核心内容
2023年8月	北京经济技术开发区管理委员会	《北京经济技术开发区机器人产业高质量发展三年行动计划（2023—2025年）》	培育引进一批国内外领军企业、产业链供应链重点企业。搭建50个机器人应用场景示范项目，成为机器人新品、应用示范、产业基础提升等工程建设主力军。开展人形机器人整机产品、关键零部件攻关，推进人形机器人创新中心建设

资料来源：根据北京市相关官网文件整理。

综合以上3个政策文件的内容，我们可以发现，北京市人形机器人产业政策有自己的突出特征和亮点。

一、建设全球机器人技术创新策源地

《行动方案》明确提出"紧扣机器人智能化、仿生化、模块化发展趋势""全力建设全球机器人技术创新策源地、应用示范高地和高端产业集聚区"。《若干措施》重申"全力建设机器人技术创新策源地、应用示范高地和高端产业集聚区"。这表明北京市不仅将机器人产业视为本地经济发展的重要支柱，更致力于将其打造成全球领先的产业高地。在科技、人才资源方面，北京市相比其他城市具有压倒性优势。基于此，北京市政府提出"全力建设全球机器人技术创新策源地"这样的宏大目标，彰显了北京市作为大国首都的雄心勃勃、谁与争锋的气魄。

北京市致力于成为全球机器人技术创新策源地，这意味着北京市将汇聚国内外顶尖的机器人技术研发人才和其他相关资源，推动机器人技术的研发和创新，引领全球机器人技术的发展潮流。打造应用示范高地，表明北京市不仅关注机器人技术的研发，还注重将这些技术应用到实际场景中。通过打造应用示范高地，北京市将展示机器人在各个领域中的实际应用效果，为全球范围内的机器人应用提供可借鉴的范例。打造高端产业集聚区，意味着北京市将集中力量发展高端机器人产业，吸引国内外优秀的机器人企业和项目落户，形成产业集聚效应，促进产业链上下游企业之间紧密合作，共同推动机器人产业的快速发展。此外，"紧扣机器人智能化、仿生化、模块化发展趋势"显示了北京市政府对机器人技术发展方向的敏锐洞察，表明了其在相关前沿领域进行布局和投入的决心。

北京市正致力于将自己塑造为全球科技创新关键枢纽，其已经连续 6 年稳居全球科研城市之首。这座超级城市正逐步演变为全球领先科技的发源地和推动全球产业变革的重要力量。鉴于此，北京市在智能机器人领域的创新上不断发力，大力推行产学研用协同创新、央地协同创新、创新创业孵化以及跨界融合创新这四大产业创新模式，如表 5-2 所示。

表5-2　北京市机器人产业创新模式

模式名称	模式描述
产学研用协同创新	（1）聚焦医疗健康机器人、特种机器人、协作机器人等领域，推动市级产业创新中心建设； （2）支持有能力、有条件的企业与高校、科研院所共建研发机构、搭建技术研发和工程化平台，突破关键共性技术及关键核心部件瓶颈； （3）支持企业和用户以上下游需求和供给能力为依据、以应用为导向，协同开展机器人创新应用，建立产业链上下游互融共生、分工合作、利益共享的一体化组织新模式
央地协同创新	（1）支持中央企业、单位与本市企业搭建技术转移转化平台，建立创新成果产业化合作模式； （2）组织本市企业与中央企业、单位进行对接和联合开展机器人研发、产业化和示范应用项目
创新创业孵化	（1）组织机器人创新创业大赛、项目路演等活动，邀请行业专家、企业家、投资人等担任创新创业导师，培育推荐创新型企业和重点项目； （2）支持领军企业采取新型研发创新组织模式，孵化科技型小微企业； （3）发挥产业基金作用，引导社会资本投资机器人创新创业活动
跨界融合创新	（1）支持有条件的传统制造业企业拓展业务领域，开展机器人研发生产和集成应用，培育机器人系统解决方案； （2）支持新一代信息技术、互联网、人工智能等创新型企业结合应用场景，开发机器人产品、开展技术和模式创新、拓展市场应用空间，培育形成国内领先的机器人产业融合创新生态圈

资料来源：根据北京市相关官网文件整理。

"全力建设全球机器人技术创新策源地"这一宏大目标的提出，有利于提升北京市在全球机器人领域的地位，促进机器人技术的研发和创新。北京市作为科技创新中心，具有雄厚的研发实力和浓厚的创新氛围。政策的引导和支持可以激发更多创新灵感，推动机器人技术的不断突破和进步。通过全力建设全球机器人技术创新策源地、应用示范高地和高端产业集聚区，北京市将在全球机器人领域占据重要地位，进一步提升城市的国际影响力和竞争力。

二、加快建设北京市人形机器人产业创新中心

《行动方案》提出，"加快建设北京市人形机器人产业创新中心"，《若干措施》强调，"组建人形机器人创新中心"，《行动计划》也重申，"推进人形机器人创新中心建设"。以上政策旨在推动北京市在人形机器人领域的技术研发和产业化进程，进一步促进机器人产业的创新发展。

很明显，以上政策是在新一轮科技革命和产业变革的背景下提出的。随着科技的不断发展，人形机器人作为智能制造和人工智能领域的前沿技术，具有广阔的市场前景和应用空间。北京市作为科技创新中心，紧跟科技发展趋势，积极推动人形机器人的研发和应用，这彰显了北京市政府对人形机器人产业的高度重视。

得益于北京市智能机器人产业深厚的创新基础，北京市人形机器人产业的创新能力在全国名列前茅。清华大学、北京理工大学、北京航空航天大学、中国科学院自动化研究所等机器人领域重点高校和科研院所云集于此，其中清华大学和北京理工大学在人形机器人领域的专利数量尤为突出。北京市人形机器人产业创新中心的加快建设将进一步提升北京市人形机器人产业的创新水平，彰显并扩大北京市在人形机器人创新领域的巨大优势。

《行动方案》进一步表明，将具体采取"公司＋联盟"模式，依托骨干企业的引领作用，联合国内外优势创新资源，共同成立北京市人形机器人产业创新中心，并组建相应的产业联盟。通过建设人形机器人产业创新中心，北京市将集中优势资源，推动人形机器人的技术研发、产品创新和应用示范，旨在打造国内领先、国际先进的人形机器人产业集群。

为了实现这一目标，《行动方案》提出了一系列具体措施。这些措施包括：支持企业与高等院校及研究机构合作，共同攻克人形机器人整机及关键零部件的技术难题，并实现其工程化应用；促进人形机器人实现小批量生产与实际应用；打造包括通用智能底层软件、接口以及通用硬件开发配套设施在内的基础条件；集中突破人形机器人通用原型机和通用人工智能大模型等关键技术。

上述政策有助于推动北京市人形机器人产业的创新发展。通过集中资源和技术优势，加快人形机器人的技术研发和产品创新，北京市有望在全球范围内

形成领先优势。在促进产业升级方面，人形机器人作为高端智能制造的代表，其研发和应用将带动相关产业链的发展，包括传感器、控制器、减速器等关键零部件的制造和集成，从而推动整个机器人产业的升级和转型。

尽管实施时间不长，但上述政策的产生效应初步显现，截至2024年4月初，北京经济技术开发区，作为人形机器人产业创新中心的所在地，已成功吸引了100多家机器人企业落户。这些企业共同构建了一个完整的机器人全产业链体系，覆盖关键零部件制造、整机生产到最终应用等各个环节。

第二节　上海：加快通用机器人工程化应用

近年来，上海市出台的涉及人形机器人产业的政策主要有由国家发展改革委与上海市联合印发的《上海市建设具有全球影响力的科技创新中心"十四五"规划》（以下简称《规划》）、由上海市人民政府办公厅印发的《上海市推动制造业高质量发展三年行动计划（2023—2025年）》（以下简称《行动计划》）、由上海市经济和信息化委员会等五部门联合发布的《上海市促进智能机器人产业高质量创新发展行动方案（2023—2025年）》（以下简称《创新行动方案》）、由上海市经济和信息化委员会等五部门制定的《上海市促进医疗机器人产业发展行动方案（2023—2025年）》（以下简称《行动方案》）等规范性文件。除《规划》为2021年印发，其他文件均为2023年发布。

2023年颁布的《行动计划》，涉及多个制造业产业，而机器人产业便是其中之一，其将机器人产业视作整体制造业升级和高质量发展的重要内容。《规划》由国家发展改革委与上海市联合印发，具有重大的战略意义和全国性的影响力，其不仅关注上海市，还着眼于国家层面的科技创新规划，提出将上海市打造成一个在全球范围内有影响力的科技创新中心，机器人技术可能作为其中的一个重要组成部分。《规划》主要关注的是科技创新的全局性布局，包括基础研究、技术研发、成果转化、创新环境等多个方面。《创新行动方案》专门针对智能机器人产业提供具体的行动方案，包括技术突破、产品创新、应用推广、生态体系建设等多个方面的内容，旨在推动智能机器人产业的高质量创新发展。《行动方案》则聚焦机器人产业的细分领域，专注于医疗机器人产业，提供了针对该产业的具体发展策略。上海市人形机器人产业主要政策如表5-3所示。

表5-3　上海市人形机器人产业主要政策

发布时间	发布机构	政策名称	相关核心内容
2021年9月	国家发展改革委与上海市	《上海市建设具有全球影响力的科技创新中心"十四五"规划》	形成世界先进机器人研发、制造及系统集成的重要基地。研发高端精密减速器、控制器、伺服电机等基础部件，突破机器人轻量化设计、多轴驱控一体化、信息感知与导航、机器人操作系统、人机交互与自主编程等共性关键技术；研发全自主编程、人机协作、重载自动导引车（Automated Guided Vehicle，AGV）等工业机器人，复杂舱体内自主避障行走、水下探测等特种机器人，医疗康养、助老助残、公共服务、智慧教育等服务机器人，结合行业开展应用示范
2023年5月	上海市人民政府办公厅	《上海市推动制造业高质量发展三年行动计划（2023—2025年）》	打造智能机器人终端品牌。推动传统制造业企业加快机器人应用。新增应用工业机器人不少于2万台
2023年10月	上海市经济和信息化委员会等五部门	《上海市促进智能机器人产业高质量创新发展行动方案（2023—2025年）》	打造世界级机器人产业集群和应用生态圈。推动智能机器人本体与核心零部件集成研发。建设人形机器人制造业创新中心。加快通用机器人特别是人形机器人工程化应用。开发通用人形机器人原型机，实现人形机器人面向场景应用的优化迭代，促进类脑智能等前沿技术与机器人融合创新。采用"制造业创新中心+重点企业"方式布局人形机器人制造业创新中心，加快打造具有国际影响力的人形机器人产品和通用人工智能大模型
2023年10月	上海市经济和信息化委员会等五部门	《上海市促进医疗机器人产业发展行动方案（2023—2025年）》	力争到2025年，本市成为国内医疗机器人技术创新策源地、高端制造集聚地和协同应用示范地。发展陪伴护理人形机器人。建立人形机器人、骨科和康复养老示范平台

资料来源：根据上海市相关官网文件整理。

总体而言，上述4个文件构成了上海市在机器人产业发展方面的多层次、多维度的政策体系。这 4 个文件从宏观到微观、从全面到具体，共同为上海市机器人产业的快速发展提供了有力的政策支持和指导。综合以上文件，我们可以发现上海市人形机器人产业政策的突出特征和亮点如下。

一、打造世界级机器人产业集群和应用生态圈

上海市高度重视世界级机器人产业集群和应用生态圈的打造，《创新行动方案》提出，"打造世界级机器人产业集群和应用生态圈"。《规划》提出，"形成世界先进机器人研发、制造及系统集成的重要基地"。《行动计划》强调"打造智能网联汽车、智能机器人、智能穿戴、虚拟显示等终端品牌"。

上海市人形机器人产业的蓬勃发展，得益于现有智能机器人产业的坚实基础。"打造世界级机器人产业集群和应用生态圈"，正是基于上海市智能机器人产业的已有的雄厚基础而提出的。从上游的核心零部件制造，到中游的本体设计与生产，再到下游的系统集成及终端应用服务，上海市已经构建了一条颇为完备的产业链。这里汇聚了 ABB、库卡、发那科、安川、新松、新时达、节卡等众多知名的工业机器人制造商。同时，物流仓储、医疗健康、建筑服务和公共服务等领域的机器人企业也正加速集聚。当前，上海市智能机器人产业已形成了具有特色的"3+X"空间布局[1]，这一布局为上海市人形机器人产业的进一步壮大提供了坚实的产业支撑。

在人形机器人产业，上海市已经成功吸引了鸣志电器、步科、禾赛科技等一批核心零部件制造企业，同时汇聚了如智元机器人、福利叶智能、上海开普勒、达闼机器人以及中电科机器人等专注于本体设计与生产的企业。此外，蔚来、上汽等知名企业也作为终端用户积极参与其中。这些企业的集聚，不仅彰显了上海市人形机器人产业的深厚底蕴，也为该产业的持续发展注入了强大动力。

二、加快人形机器人工程化应用

上海市积极推动人形机器人在教育、医疗、家庭服务等领域的示范应用，加快产业的市场化进程。《创新行动方案》明确提出"加快通用机器人特别是人形机器人工程化应用""深入推动工业机器人进工厂、服务机器人进生活"。

"加快通用机器人特别是人形机器人工程化应用"，旨在促进通用机器人，

---

[1] "3" 是指嘉定区、宝山区的上海机器人工业园以及浦东新区。"X" 是指多个产业园共同发展。

特别是人形机器人的研发和应用。人形机器人作为智能机器人的一种高级形态，集成人工智能、高端制造、新材料等先进技术，具有极大的发展潜力。加快人形机器人工程化应用，可以推动智能机器人技术的创新和产业升级。人形机器人作为前沿技术的代表，其工程化应用的加快有助于提升上海市在智能机器人领域的国际竞争力。同时，人形机器人的应用也将为人们的生产生活带来便利，提高工作效率和安全性。

"深入推动工业机器人进工厂"，旨在推广工业机器人在制造业中的广泛应用。工业机器人能够提高生产效率、降低劳动力成本、提升产品质量，是制造业转型升级的重要工具。工业机器人的广泛应用是制造业发展的趋势。此政策有助于提升上海市制造业的竞争力，同时也有助于缓解部分行业劳动力短缺问题。通过推动工业机器人进工厂，可以提高上海市制造业的智能化和自动化水平。

深入推动"服务机器人进生活"，旨在促进服务机器人在日常生活中的应用。服务机器人能够提供更便捷、高效的生活服务，如家政服务、导览服务、医疗护理服务等。通过推动服务机器人进生活，可以提升人们的生活质量，同时也有助于创造新的消费需求和经济增长点。随着人口老龄化的加剧和消费者对高品质生活的追求，服务机器人的市场需求不断增长。此政策有助于满足这一市场需求，同时也有助于推动相关产业的发展和创新。

此外，上海市还专门制定《行动方案》，提出强化场景应用示范，打造一批国内领先乃至国际先进的创新医疗机器人产品。上海市是全国乃至全球生物医药产业的重要枢纽，上海市生物医药产业在规模、国际影响力、创新能力、经济增长贡献以及本土企业发展等方面均表现出重要地位和影响。《行动方案》的出台将进一步促进上海市医疗机器人产业高质量发展，加快建设具有国际影响力的全球生物医药研发经济和产业化高地。

第三节　广东：开展人形机器人规模化应用

广东省政策中涉及人形机器人产业的政策较多，不仅有省级政策，还有由深圳市、东莞市和佛山市等发布的地市级政策，这些政策共同构成广东省人形机器人产业主要政策。省级政策主要有《广东省新一代人工智能创新发展行动计划（2022—2025年）》（以下简称《行动计划》）、《广东省培育智能机器人战略性新兴产业集群行动计划（2023—2025年）》（以下简称《广东集群计划》）。地市级政策主要有《深圳市人民政府关于发展壮大战略性新兴产业集群和培育发展未来产业的意见》（以下简称《深圳产业意见》）、《深圳市培育发展智能机器人产业集群行动计划（2022—2025年）》（以下简称《深圳集群计划》）、《深圳市加快推动人工智能高质量发展高水平应用行动方案（2023—2024年）》（以下简称《深圳行动方案》），以及《东莞市支持智能机器人产业发展若干措施》（以下简称《东莞若干措施》）和《佛山市机器人及相关产业发展规划（2023—2030年）》（以下简称《佛山发展规划》），如表5-4所示。

表5-4　广东省人形机器产业主要政策

发布时间	发布机构	政策名称	相关核心内容
2022年12月	广东省科学技术厅、广东省工业和信息化厅	《广东省新一代人工智能创新发展行动计划（2022—2025年）》	以人工智能赋能制造为目标，加快推动机器视觉、智能机器人等重点方向。发展机器人平台化操作系统，深入开展面向工业产线的工业机器人智能学习控制系统。发展智能服务机器人，推动清洁、防护、医疗、教育等服务机器人普及
2023年12月	广东省工业和信息化厅、广东省发展和改革委员会等	《广东省培育智能机器人战略性新兴产业集群行动计划（2023—2025年）》	到2025年，智能机器人产业营业收入达到800亿元。支持企业加大对人形机器人在智能算法、关节设计、稳定平衡控制、三维环境感知理解与操控等技术研发，提高人形机器人的应用领域。加强人工智能、智能语音和语言技术、仿生感知与认知、5G、大数据、云计算等先进技术在机器人领域的融合
2022年6月	深圳市人民政府	《深圳市人民政府关于发展壮大战略性新兴产业集群和培育发展未来产业的意见》	发展智能机器人产业集群。重点发展工业机器人、服务机器人、特种机器人等领域，突破减速器、控制器、伺服系统等关键零部件和集成应用技术，扩展智能机器人在电子信息制造、汽车、航空航天等的高端制造应用场景，打造智能机器人产业技术创新、高端制造、集成应用示范区

续表

发布时间	发布机构	政策名称	相关核心内容
2022年12月	深圳市工业和信息化局、深圳市发展和改革委员会	《深圳市培育发展智能机器人产业集群行动计划（2022—2025年）》	到2025年，智能机器人产业增加值达到160亿元，其中无人机产业增加值达到百亿级规模，工业机器人、服务机器人、特种机器人实现快速增长。到2025年，智能机器人关键技术取得重大突破，核心零部件自主可控水平大幅提升。加强人工智能技术与机器人的深度融合
2023年5月	中国共产党深圳市委员会办公厅、深圳市人民政府办公厅	《深圳市加快推动人工智能高质量发展高水平应用行动方案（2023—2024年）》	聚焦通用大模型、智能算力芯片、智能传感器、智能机器人；开展通用型具身智能机器人的研发和应用。实施核心技术攻关载体扶持计划，加快组建广东省人形机器人制造业创新中心。发挥粤港澳大湾区制造业优势，开展人形机器人规模化应用
2024年1月	东莞市工业和信息化局	《东莞市支持智能机器人产业发展若干措施》	抢抓人形机器人发展机遇。立足特色和产业优势，通过降低门槛、提高资助比例和资助额度等方式给予倾斜性政策扶持，招引和培育人形机器人企业，促进产业汇聚发展。加强人形机器人产业重大平台载体建设，推动核心零部件、人工智能、新材料等企业跨领域合作，开展技术应用联合攻关，增强软硬协同适配能力
2023年10月	佛山市工业和信息化局	《佛山市机器人及相关产业发展规划（2023—2030年）》	打造世界级机器人先进集成应用中心。坚持制造业当家，以应用需求为牵引，以大力实施智能制造工程为契机，以高端化智能化发展为导向，以产品创新和场景推广为着力点，着力构建具有高质量市场主体、高规格产业平台、高层次创新能力、高水平应用市场、高标准配套环境的"五高"机器人产业发展生态

资料来源：根据广东省相关官网文件整理。

通过系统梳理以上政策文件，我们可以将广东省人形机器人产业政策的突出特征和亮点归纳为：一是坚持制造业当家，以应用需求为牵引；二是加强人工智能技术与机器人的深度融合。

一、坚持制造业当家，以应用需求为牵引

广东省无论是在省级政策还是在地市级政策上，都高度重视机器人产业的规模化应用，并强调以机器人产业来推动制造业转型升级。《广东集群计划》提出，"推广实施智能化改造，提升机器人应用的广度和深度，推动制造业转型升级"。《佛山发展规划》提出"打造世界级机器人先进集成应用中心"，还提出"坚持制造业当家，以应用需求为牵引"。《深圳行动方案》强调，"发挥粤港澳大湾区制造业优势，开展人形机器人规模化应用"。

制造业是实体经济的"压舱石"，也是广东省经济的鲜明底色。广东省是经济大省、制造业大省，产业体系完备、基础雄厚，并且粤港澳大湾区已经涌现出一批具有较强国际竞争力的制造业产业集群，这使广东省具备强大的生产制造能力和产业链整合优势。在2022年11月工信部公布的45个国家先进制造业集群的名单中，广东省共有 7 个集群入选，入选数量位居全国前列，如表5-5 所示。

表5-5　广东省入选国家先进制造业集群的名单

序号	名称
1	深圳市新一代信息通信集群
2	广州市、佛山市、惠州市超高清视频和智能家电集群
3	东莞市智能移动终端集群
4	广州市、深圳市、佛山市、东莞市智能装备集群
5	深圳市先进电池材料集群
6	深圳市、广州市高端医疗器械集群
7	佛山市、东莞市泛家居集群

资料来源：根据工信部网站资料整理。

粤港澳大湾区的优势在于创新要素聚集，高等学校、科研机构以及创新型企业等创新要素为制造业的创新发展提供了源源不断的动力。特别是在人工智能领域，这些创新要素能够推动制造业与人工智能的深度融合，提升制造业的智能化水平。粤港澳大湾区是全球产业链、供应链、价值链的重要节点，其制造业产品不仅供应国内市场，还广泛出口到国际市场。这种高国际化程度使得粤港澳大湾区的制造业能够紧跟全球市场需求，不断提升自身的竞争力和适应能力。

随着全球制造业的竞争日益激烈，智能化改造成为提升制造业竞争力的关键。智能机器人作为智能制造的核心组成部分，其推广实施对于提升生产效率、降低成本、增强产品质量具有重要意义。因此，提升机器人应用的广度和深度的目标与当前制造业发展的大趋势是高度契合的。通过实施这些政策，广东省有望培育出一批具有创新能力和国际竞争力的智能机器人企业，形成完善的产业链和生态体系。尤其是，《佛山发展规划》提出"打造世界级机器人先进集成应用中心"，这一定位体现了佛山市在机器人产业发展上的雄心壮志。世界级机器人先进集成应用中心的打造不仅将提升佛山市在国际机器人产业中的影响力，也有助于吸引国内外高端人才和技术资源，进一步推动本地机器人技术的进步和产业升级。

二、加强人工智能技术与机器人的深度融合

广东省机器人产业政策的另外一个突出特征和亮点是加强人工智能技术与机器人的深度融合。从省级政策看，《广东集群计划》强调，"加强人工智能、智能语音和语言技术、仿生感知与认知、5G、大数据、云计算等先进技术在机器人领域的融合"。从地市级政策看，《深圳集群计划》也提出，"加强人工智能技术与机器人的深度融合"。

人工智能技术与人形机器人的深度融合是大势所趋，正在推动机器人产业的创新和进步。人工智能技术，尤其是机器学习、深度学习等算法，正被越来越广泛地应用于人形机器人中。这些技术使得机器人能够进行自我学习和改进，从而提高其智能水平。人形机器人通过人工智能技术实现了对语音、文字和视频等内容的智能化处理，提升了其理解和认知能力。通过计算机视觉、语音识别等人工智能技术，人形机器人能够更准确地感知周围环境，并做出更明智的决策。这使得机器人在生产制造、医疗护理、服务等领域能够发挥更重要的作用。

广东省机器人产业政策强调了人工智能技术在机器人领域的重要性，特别是人工智能技术与其他前沿技术的融合。这种融合有助于推动机器人产业的技术创新，提高和扩大机器人的智能化程度和应用范围。智能机器人产业正以技术更加先进、应用更加广泛的趋势发展。这些政策的出台将加速这一发展趋势，促进产业的升级和转型。深圳市的政策则更强调人工智能技术与机器人的深度融合。这表明深圳市更加注重人工智能在机器人产业中的核心作用，并希望通过这种深度融合，提升智能机器人的智能化水平，增强其市场竞争力。2022年11月，我国首部人工智能产业专项立法《深圳经济特区人工智能产业促进条例》

正式施行，为促进深圳市人工智能产业发展提供了坚实的法治保障。这表明，在建设国际科技创新中心的过程中，深圳市将人工智能技术与机器人的深度融合作为未来坚定不移的发展方向。

深圳市政府鼓励科研机构与企业携手建立超过 5 家人工智能联合实验室，积极推动人形机器人产业链上的企业进行创新。借助成熟、完备的智能机器人产业链和强大的上下游企业协同研发实力，深圳市在人形机器人科技领域已经取得了显著的研发成果。诸如优必选的 Walker X、乐聚机器人的"夸父"（Kuavo）、逐际动力的 CL-1 以及戴盟机器人的 Sparky 1 等先进人形机器人的研发和实际应用正在不断取得新突破。值得一提的是，有关资料显示，截至 2023 年，优必选的人形机器人涉及的有效专利数已位列全球榜首。

第四节 浙江：实现仿生感知认知、生机电融合突破

浙江省是全国率先公布"机器人 +"方案的省份，体现了浙江省在政策制定方面的前瞻性和长远性。早在 2017 年，浙江省就制定了《浙江省"机器人 +"行动计划》（以下简称《行动计划》），随后几年又陆续出台了一系列相关文件，主要有《浙江省高端装备制造业发展"十四五"规划》（以下简称《浙江规划》）、《浙江省人民政府办公厅关于培育发展未来产业的指导意见》（以下简称《未来产业指导意见》）、《浙江省人民政府办公厅关于加快人工智能产业发展的指导意见》《浙江省人形机器人产业创新发展实施方案（2024—2027 年）》（简称《创新发展实施方案》）及《杭州市数字经济发展"十四五"规划》（以下简称《杭州规划》），如表 5-6 所示。

表5-6 浙江省人形机器人产业主要政策

发布时间	发布机构	政策名称	相关核心内容
2017年7月	浙江省人民政府	《浙江省"机器人 +"行动计划》	应用引领，产业支撑。坚持以应用促进产业发展，以市场需求为导向，以示范工程为抓手，创新商业模式，扩大机器人在各行各业的应用。系统谋划机器人产业发展重点，加快促进机器人产业发展壮大

续表

发布时间	发布机构	政策名称	相关核心内容
2021年4月	浙江省经济和信息化厅	《浙江省高端装备制造业发展"十四五"规划》	面向满足小批量定制、个性化制造、柔性制造等先进制造需求，重点发展装配机器人等工业机器人及机器人系统；养老助残、家政服务等消费服务领域机器人；医疗机器人、康复机器人、空间机器人等特种机器人。开展伺服电机、精密减速器、伺服驱动器、末端执行器、传感器、人机物交互系统（HCPS系统）等机器人关键核心部件工程化攻关。开展整机、部件、集成应用等机器人关键共性技术攻关
2023年2月	浙江省人民政府办公厅	《浙江省人民政府办公厅关于培育发展未来产业的指导意见》	优先发展仿生机器人等未来产业。开展仿生感知认知、生机电融合、人工智能、视觉导航等技术研究突破与系统集成，强化商用场景和个人、家庭应用场景探索
2023年12月	浙江省人民政府办公厅	《浙江省人民政府办公厅关于加快人工智能产业发展的指导意见》	大力发展智能机器人、智能穿戴设备、智能家居等新一代智能终端产品。培育人工智能融合产业集群。发展类脑智能、人形机器人、元宇宙等未来产业。发展智能诊疗、疾病风险预测、医用机器人等应用场景
2024年9月	浙江省制造业高质量发展领导小组办公室	《浙江省人形机器人产业创新发展实施方案（2024—2027年）》	到2027年，培育制造业单项冠军和专精特新"小巨人"企业50家
2021年12月	杭州市人民政府办公厅	《杭州市数字经济发展"十四五"规划》	支持嵌入式软件在机器人控制、智能网联汽车等前沿领域应用创新。加大智能机器人、智能家用设备等高端物联网产品供给。加强危险作业机器人研发。研制推广农用无人机、农业机器人，探索建立无人作业农场，提升农业机械智能化水平

资料来源：根据浙江省及杭州市相关官网文件整理。

通过系统梳理浙江省及杭州市人形机器人产业政策，我们可以总结出其具有的突出特征和亮点：一是创新商业模式，扩大机器人在各行各业的应用；二是面向满足小批量定制、个性化制造、柔性制造等先进制造需求；三是开展伺服电机、精密减速器、伺服驱动器等机器人关键核心部件工程化攻关；四是开展仿生感知认知、生机电融合、人工智能、视觉导航等技术研究突破与系统集成。

一、创新商业模式，扩大机器人在各行各业的应用

浙江省机器人产业政策的显著特征就是强调机器人的多元化的应用领域。《行动计划》明确提出机器人产业的发展目标为：到 2020 年，机器人在经济社会各领域的应用取得重大进展，形成一批富有活力和可持续发展的"机器人＋"新模式、新业态，建设国内一流的机器人应用示范基地和产业创新发展示范区。在此基础上，《行动计划》还提出推进"机器人＋"制造、"机器人＋"物流、"机器人＋"健康、"机器人＋"服务、"机器人＋"农业、"机器人＋"特殊领域等六大应用场景，突出了机器人应用场景的广泛性和多元性。《杭州规划》也提出，加强危险作业机器人研发，研制推广农用无人机、农业机器人，拓展机器人的应用领域。

这些政策致力于使机器人在经济社会各领域的应用取得重大进展，这意味着浙江省鼓励和支持机器人在制造业、服务业、医疗业、农业等多个领域的应用，以提高生产效率和服务质量。形成一批"机器人＋"新模式、新业态，旨在促进机器人技术与传统产业深度融合，创造出新的经济增长点和就业机会。这种融合将推动产业转型升级，提高整体竞争力。

近年来，浙江省在推动"机器换人"战略方面取得了显著成效，其应用水平在全国处于领先地位。浙江省坚持"以应用促进产业发展，以市场需求为导向，以示范工程为抓手"，有效地刺激了企业的需求，并通过市场的强劲拉动力，促进了机器人产业的迅猛增长。浙江省经济和信息化厅的数据显示，截至 2020 年年末，全省范围内正在运行的工业机器人数量已超过 11.1 万台。

随着人工智能和传感器技术的快速发展，以及人们对具身智能需求的不断提高，人形机器人将在医疗、养老、娱乐等领域发挥重要作用。浙江省提出创新商业模式、扩大机器人在各行各业的应用，这体现了政策的前瞻性，表明浙江省认识到机器人技术在未来经济社会发展中的重要作用，注重其长期可持续性和对经济社会的全面影响。浙江省公布的 2024 年一季度经济运行情况中有一项数据令人振奋：一季度，全省服务机器人产品产量增长达 78.9%。这一优秀成绩得益于浙江省注重扩大应用，并提前布局。

二、面向满足小批量定制、个性化制造、柔性制造等先进制造需求

《创新发展实施方案》指出要支持杭州搭建"公版"通用整机平台，满足不同场景下个性化功能的二次开发。这实际上是在推动人形机器人向小批量定制和个性化制造方向发展。《创新发展实施方案》还强调要加强关键技术攻关，包括人形机器人的整机、关键部组件及智能系统等技术，以提升人形机器人的性能和定制化能力。《创新发展实施方案》明确了未来 4 年的工作目标：到 2027 年，培育制造业单项冠军和专精特新"小巨人"企业 50 家。如培育温州市、绍兴市、丽水市等地方的专精特新企业发展人形机器人专用电机、机电执行器、轴承等零部件，并针对不同客户需求，在小批量生产中提供定制化的零部件产品，满足个性化制造需求。

2024 年 12 月，杭州市人民政府办公厅印发的《杭州市促进人形机器人产业创新发展的若干政策措施》中明确提到，将支持人形机器人整机、软件算法及关键零部件生产制造企业牵头组建创新联合体，加强与高校、科研院所的产学研融合，推进人形机器人领域联合攻关。这有助于提升人形机器人的定制化能力，以满足不同场景下的个性化需求。政策还鼓励人形机器人企业采取银行贷款、融券融资等方式进行固定资产投资，以支持企业进行技术升级和产能扩张，从而更好地适应小批量定制和柔性制造的需求。

在政策的引导和支持下，浙江省多地企业加强技术创新和定制化开发能力，在满足市场小批量定制、个性化制造、柔性制造等先进制造需求方面有了显著进展。

杭州市政策鼓励人形机器人企业与高校、科研院所进行产学研合作，共同推进人形机器人的技术创新和定制化开发。浙江大学和人形机器人企业合作，共同研发了一款能够适应复杂环境的定制化人形机器人，该机器人在医疗康养、文旅服务等领域得到了广泛应用。浙江希尔机器人股份有限公司自主研发的人机交互具身智能机器人，其全身超过 40 个自由度的关节和仿人的灵巧装置，就是个性化制造的体现。浙江五洲新春集团股份有限公司针对不同人形机器人整机企业的需求，小批量定制生产用于谐波减速器的圆锥滚子轴承。该公司依托自身技术研发优势，可根据客户对轴承抗疲劳剥落、抗裂性能以及传动精度等方面的不同要求，调整生产工艺和产品参数，实现小批量、多品种的定制化生产。

三、强调开展伺服电机、精密减速器、伺服驱动器等机器人关键核心部件工程化攻关

浙江省政府和杭州市政府在人形机器人产业方面制定了一系列政策，旨在推动该产业的创新发展，特别是在关键核心部件的工程化攻关上给予了高度重视。例如，浙江省制造业高质量发展领导小组办公室印发的《浙江省人形机器人产业创新发展实施方案（2024—2027年）》，进一步细化了人形机器人产业的发展路径和举措。

上述政策明确了浙江省在机器人关键核心部件工程化攻关方面的目标，包括初步建立人形机器人创新体系，形成安全可靠的产业链供应链体系；提升人形机器人技术创新能力，构建具有国际竞争力的产业生态；实现人形机器人产业规模化发展，丰富应用场景，成为经济增长新引擎。

为了鼓励开展关键核心技术攻关，杭州市政府将人形机器人整机、软件算法及关键零部件列入市重点科研项目支持范围，梳理形成攻关清单，并特别强调了对伺服电机、精密减速器、伺服驱动器等关键核心部件的工程化攻关。另外，支持科技创新主体建设，建设人形机器人产业创新平台，支持人形机器人企业建设各类研发机构和创新联合体。同时，鼓励企业与高校、科研院所的产学研融合，推进人形机器人领域联合攻关。对承担人形机器人"揭榜挂帅"项目和高质量发展专项的企业，给予实际投资总额的50%、最高300万元的补助。对人形机器人企业按年研发投入总量或增量给予政策支持，以算力券方式对企业和科研平台进行算力支持。

在各级政府的政策指导下，相关企业在机器人关键核心部件工程化攻关方面取得了积极进展。杭州宇树科技有限公司（以下简称"宇树科技"）在人形机器人关键核心部件的研发上取得了显著成果，如伺服电机、精密减速器等，为高性能四足机器人领域的技术积累为人形机器人新赛道的发展提供了有力支撑。宇树科技的H1、G1通用人形机器人成为各大展会的焦点，出货量保持业内领先。五八智能科技（杭州）有限公司（以下简称"五八智能"）的D11人形机器人成功在汽车生产线应用实测，展示了人形机器人在工业制造领域的应用能力。五八智能计划投资建设国内首个人形机器人中试基地，为机器人企业、研发机构提供检测试验、AI训练、中试转化等服务。这将有助于伺服电机、精密减速器等关键核心部件的工程化验证和优化。

四、开展仿生感知认知、生机电融合、人工智能、视觉导航等技术研究突破与系统集成

由浙江省人民政府办公厅于 2023 年 2 月发布的《未来产业指导意见》明确将仿生机器人作为 9 个优先发展的未来产业之一，提出"开展仿生感知认知、生机电融合、人工智能、视觉导航等技术研究突破与系统集成"。这些技术领域都与仿生机器人（包括人形机器人）相关，是仿生机器人发展的核心和关键，在这些领域取得突破，可以极大地推动仿生机器人的技术进步和产业升级。

该政策强调系统集成，这体现了浙江省对仿生机器人技术发展的全面考虑。在技术研发的同时，将这些技术有效地集成到仿生机器人中，提高其整体性能和智能化水平，是产业发展的关键。系统集成可以实现仿生机器人在感知、认知、行动等多方面的协同和优化。

该政策的实施将对浙江省乃至全国的仿生机器人产业发展产生深远影响。一方面，政策的支持和引导将吸引更多的资金、人才和技术投入仿生机器人产业，推动产业的快速发展；另一方面，政策有助于实现仿生机器人技术的不断进步和应用领域的不断拓展，进而对经济社会发展产生积极的推动作用。

2024 年 3 月 27 日，浙江人形机器人创新中心在宁波举办了启动仪式与产品发布会。在此次盛会上，一个专注于人形机器人研发已长达 18 年的团队，隆重推出了他们的全新力作 —— 通用人形机器人"领航者 1 号"，如图 5-1 所示。这款机器人具备出色的地形适应能力和避障功能，可在多种环境下自如行走。

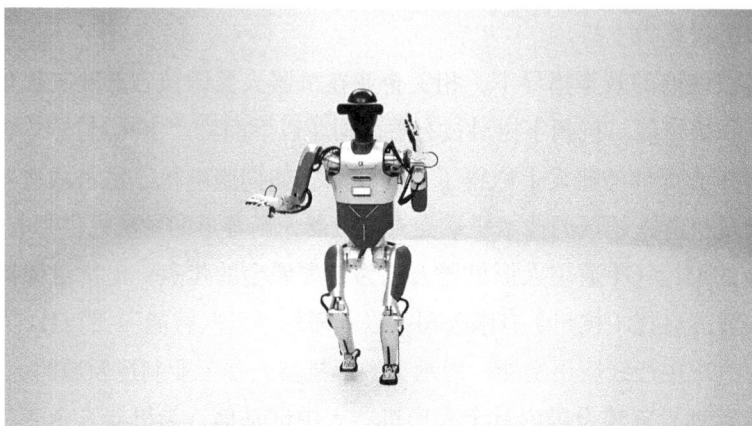

图5-1 领航者1号

"领航者 1 号"可以作为各种国内先进技术突破与系统集成的典型代表。它

"灵活的身体"离不开配备的新型行星减速器、具备高功率密度的关节、轻量化的仿人机械臂，以及拥有高自由度的灵巧手。特别是这款灵巧手，其设计精妙，拥有 15 个手指关节和 6 个主动自由度，确保了手部动作的精细与多样。同时，它的指尖力可达 10 牛顿，整个手的重量却被控制在 600 克。

"领航者 1 号"的"聪明的大脑"，由优良 AI 大模型、强大算力、精准传感器以及高效控制系统等多项先进技术共同集成。长久以来，如何实现类人灵巧操作能力一直是人形机器人技术发展的难题和需要攻克的挑战之一。然而，"领航者 1 号"通过创新地将模拟学习与非线性运动控制技术紧密结合，成功获得了迅速学习并模仿人类动作的能力。

浙江省人形机器人产业的成就与该省长期支持机器人核心技术研究、强调系统集成和商用场景应用等密切相关。未来，上述政策有望为浙江省乃至全国的人形机器人产业发展注入强大的动力。

本章详细阐述了我国一些地方政府在人形机器人产业发展中的政策布局和关键作用。北京市、上海市、广东省和浙江省等地，依托自身产业基础和资源优势，制定了全面的政策，旨在推动人形机器人技术的创新与应用。这些政策明确了发展目标，并提供资金扶持、应用场景建设等具体支持措施。通过产学研用协同创新、央地协同创新等模式，地方政府有效激发了创新活力，促进了产业集聚，形成了完整的产业链。

总体来看，地方政策不仅在人形机器人产业的区域化、特色化发展中发挥了至关重要的作用，还为我国在全球机器人领域的竞争提供了有力支持。

第 三 篇

百变金刚：应用场景与行业影响

随着科技的不断发展，人形机器人技术正从实验室研究走向实际应用，其在工业与建筑、家庭服务、医疗护理，以及军事与救援等特种行业等多个领域的广泛应用，正逐渐改变着社会和经济格局以及社会大众的日常生活。人形机器人以其独特的智能化、高灵活性和环境适应性，成为推动技术革新的重要力量。同时，人形机器人的发展对社会就业和伦理道德观念也产生了巨大的影响。本篇将深入剖析人形机器人在不同场景下的应用，探讨它们如何影响社会生产与生活，分析其对劳动力市场和社会伦理的深层影响。

第六章

人形机器人的主要应用领域

　　人形机器人的应用既是目的，也是研发的重要驱动力，推动人形机器人发展必须找到合适的应用场景。本章将揭示人形机器人在多个重要领域的应用潜力和影响。作为高级机器人，人形机器人凭其智能化、高灵活性和环境适应性，在工业与建筑、家庭服务、医疗护理和军事与救援等领域发挥着重要作用。

第一节　工业与建筑

科技的快速发展使得人形机器人凭借智能化、高灵活性和环境适应性，不断突破传统工业机器人的诸多限制。在工业领域，人形机器人已能执行生产线上的多种任务，如搬运和质检等。而在建筑行业，它们则在辅助施工和危险作业替代方面发挥着重要作用。

一、人形机器人：突破传统工业机器人的限制

相较其他应用场景，机器人在工业领域的应用更为广泛，且应用时间也较早。工业机器人的应用可以追溯到 20 世纪 50 年代末。彼时，工业机器人开始在工业生产中发挥作用。在工业领域，机器人可以执行多种任务，包括装配、搬运、焊接、喷涂等。这种多样化的应用能力使得机器人在工业生产中具有极高的实用价值。随着制造业的发展，工业机器人在全球范围内得到了广泛应用。特别是在发达国家，工业机器人的普及率更高，其已经成为现代工业生产不可或缺的一部分。

相较工业机器人和协作机器人，人形机器人展现出其独有的长处。正如清华大学新闻与传播学院教授、元宇宙文化实验室主任沈阳在接受人民网记者采访时指出，人形机器人相较于那些功能较为局限的工业机器人，它们的能力范围更广泛，对不同环境的适应性更强，同时它们还具备直接的交流互动能力，因此，在某些场合中，普通劳动者将被人形机器人取代。在制造业领域，人形机器人相较传统工业机器人，优势愈加凸显。人形机器人不再拘泥于预设的程序来机械地执行任务，而是拥有了感知周边环境、自我学习以及自主做出决策的能力。这种智能化特性使得人形机器人可以灵活适应各种复杂多变的场景。

根据业内的深入剖析，机器人的发展正遵循着一条清晰的"进化"轨迹：由静止到动态，由生硬到柔韧，由机械化到智慧化，由孤立作业到联合行动，由专一功能到多元化应用。尤其是得益于 AI 大模型技术的强大支撑，人形机器人在自主决策、柔性化操作以及人机交互等环节中均展现出了卓越的性能。人形机器人在执行任务时，特别能适应人类社会的实际环境，它们的设计参照了人

类的体态，因此它们在各种社会生活和生产环境中，如面对不同的楼梯的阶高、门框的尺寸等时，均能展现出优越的适应性。目前，机器人正逐步变得更加活跃、自如、聪慧，并且其与人类的合作也日渐密切。

二、大踏步进驻工厂的人形机器人

随着前沿科技的迅猛进步，尤其是机器人控制、智能传感及人工智能的显著发展，以及 AI 大模型和生成式 AI 的重大突破，人形机器人领域已成为业界焦点，吸引了众多企业竞相投资和研发。这些尖端技术使人形机器人展现出新的活力，大幅提升了其技术实力，同时也推动了人形机器人的商业应用。如今，人形机器人在制造业中的应用范围正在不断扩大，它们已经深入物品搬运、精确拾取与放置、产品质量检测、标签粘贴（简称"贴标"）、精细装配、智能巡检乃至高危作业等多个重要环节。

2024 年，数家人形机器人研发企业相继宣布，他们的产品已经顺利进驻工厂，开始了实质性的"上岗"工作。在这些人形机器人中，Apptronik、Figure、优必选以及 Agility Robotics 等公司的产品受到了广泛关注。这些人形机器人不仅智能化程度高，而且能够在错综复杂的工厂环境中游刃有余地应对各类挑战。

例如，德国知名汽车制造商梅赛德斯－奔驰已与美国机器人公司 Apptronik 达成关键合作，计划将 Apptronik 旗下的 Apollo 人形机器人引入其生产线，以测试人形机器人在汽车制造过程中的实用性和多任务执行能力。同时，优必选推出的工业版人形机器人 Walker S 也已在蔚来的汽车生产线上进行实际操作训练，其出色的表现和巨大的发展潜力备受赞誉。

与此同时，美国人形机器人制造商 Figure 与宝马之间的合作也引发了广泛关注。这两家公司将携手探索人形机器人在汽车制造业中的实际应用，旨在为未来的智能制造提供坚实的技术支撑。此外，亚马逊和 GXO Logistics 等企业也在积极探索引入人形机器人，以期提升仓库内部的操作效率，并进一步推动配送服务的提速与升级。

在物品搬运环节，人形机器人已经展现出了不俗的实力。特斯拉首席执行官马斯克在特斯拉 2022 AI Day 上发布了人形机器人"擎天柱"（Optimus）原型机，并演示了其在汽车工厂中搬运箱子的能力。无独有偶，Agility Robotics 研发的 Digit 人形机器人也在亚马逊仓库中大放异彩，它能够协助员工轻松地搬运空手提箱。同时，Apptronik 公司打造的 Apollo 人形机器人，同样在物品搬运环节展露了卓越的性能。

在质量检测与贴标环节，优必选通过其官方微信视频号展示了工业版人形机器人 Walker S 在蔚来工厂的出色表现。这款机器人积极参与了门锁质检、车灯盖板检测、安全带检测以及贴标等多项任务。通过搭载专为这些任务定制的 AI 质检管理系统，Walker S 能够实时采集并传输汽车部件的图像，从而有效保障组装过程的质量。

三、执行危险、繁重的建筑任务

日本产业技术综合研究所精心研发的 HRP-5P 人形机器人，已展现出在建筑场景的强大能力，对于安装石膏板墙等常规建筑工作都能游刃有余地完成。据 TechCrunch 披露，HRP-5P 借助环境测量、物体探测以及动作规划技术，得以高效执行各类任务。鉴于日本已经进入深度老龄化社会，且面临出生率下滑和熟练建筑劳动力不足的情况，这款机器人的问世无疑将发挥重要作用。

在日本产业技术综合研究所发布的视频中，HRP-5P 展示了使用手电钻将石膏板墙安装到位的能力。设计团队表示，HRP-5P 作为产学合作的发展平台，预计将加速人形机器人在实际中的应用，特别是在建筑工地或飞机、船舶等大型结构的组装过程中的应用。

设计团队进一步指出，未来建筑施工等众多行业将面临严重的劳动力短缺问题，因此迫切需要利用机器人技术来解决这一问题。同时，在建筑工地和大型结构组装工厂等场所，工人的工作既危险又繁重，使用机器人技术替代工人完成这些工作更为理想。然而，要使机器人适应在这些工作环境中作业仍面临诸多困难，机器人在这些工作环境中的应用尚待进一步突破。

日本产业技术综合研究所研发的 HRP-5P 人形机器人已初步展现了其在建筑场景的能力，这不仅是技术发展的一个里程碑，也为我们揭示了机器人技术在未来建筑行业中可能发挥的巨大作用。我们通过全面、深入梳理人形机器人在建筑场景的具体应用及其潜在价值，会发现人形机器人在建筑场景的应用具有广阔的前景。以下是人形机器人在该场景的一些具体应用及其潜在价值。

1. 施工辅助

人形机器人可以被编程来执行重复性的、高精度的施工任务。例如，它们可以被用于执行砌砖、抹灰、贴瓷砖等任务，从而降低人工的劳动强度，提高施工效率。

2. 危险作业替代

在建筑工地上，有些作业可能具有高风险，如高空作业、狭窄空间作业等。人形机器人可以被委派执行这些危险作业，从而保护工人免受伤害。

3. 材料搬运

人形机器人可以承担材料搬运的任务，例如搬运砖块、水泥等建筑材料。它们可以在不同的工地环境中自主导航，准确地将材料搬运到指定位置。

4. 质量检测与控制

人形机器人可以配备各种传感器和设备，用于检测建筑材料的质量，监控施工进度，甚至进行实时的质量控制。这有助于确保建筑项目的质量和安全性。

5. 数据收集与分析

人形机器人可以在建筑工地上收集与分析各种数据，如温度、湿度、空气质量等，这些数据对于评估工作环境、优化施工流程以及预防潜在的安全问题都非常重要。

6. 夜间或恶劣天气作业

在夜间或恶劣天气条件下，人形机器人可以替代工人进行作业，以在确保施工进度的同时，降低工人的健康和安全风险。

7. 培训与协作

人形机器人还可以作为培训工具或协作伙伴，帮助培训新的建筑工人，提高他们的技能水平。通过与机器人的互动，工人可以更安全、更有效地学习各种施工技术和操作流程。

总的来说，人形机器人在建筑场景的应用中具有巨大的潜力，其不仅可以提高施工效率和质量，还能改善工人的工作环境和安全条件。然而，要实现这些应用，还需要在机器人的自主性、感知能力、耐用性和成本效益等方面进行持续的研究和改进。

四、大规模工业化应用仍需时日

尽管人形机器人在制造业的应用潜力愈加显现，但目前这一技术尚处于起步探索阶段。举例来说，优必选将其工业版人形机器人 Walker S 送至蔚来工厂进行测试，并非出于商业交付目的，而是为了进行实验性的"实地训练"。同样，人形机器人 Figure 01 在宝马斯帕坦堡工厂的应用，也从执行有限的任务开始。

随着技术的不断进步，这些由 AI 技术驱动的人形机器人有望逐步参与更多制造工序，执行如搬运箱体、拾取和放置物件以及装载托盘等任务。据预测，Figure 01 将更全面地参与宝马汽车的制造工序，其工作范围将涵盖车身组装、钣金加工和仓储等多个环节。这预示着人形机器人在制造业中的大规模工业化应用还需经历一段时间的发展。

第二节　家庭服务

随着人口老龄化加速和双职工家庭增多，家庭服务需求激增，传统服务已难以满足需求。作为 AI 的新载体，人形机器人正逐渐从工业与建筑场景进军家庭服务场景。它们凭借仿真人外形、直观交互体验、智能学习能力和一站式功能集成等特点脱颖而出，成为家庭"新宠"。这些机器人不仅能分担家务、陪伴老幼，还能提供全方位教育和娱乐服务，预示着家庭服务的全新变革。本节将深入探讨人形机器人在家庭服务中的璀璨前景。

一、作为贴心生活伴侣的人形机器人

毫无疑问，家庭服务场景蕴含着巨大的潜力和商机，家庭服务需求呈现出持续增长的态势。尽管当前市场上已有传统的家政服务人员，但受限于服务供给的不足和服务水平的差异，这些传统的家政服务人员已难以满足现在多样化的需求。

在家庭服务场景方面，人形机器人作为 AI 的重要载体之一，能搭载多种先进模型和技术，更好地识别环境和理解人类生活，为人类提供情绪价值，有望成为人类日常生活的重要构成部分。人形机器人作为一种创新型的家庭服务模式，势必会给相关市场带来新的生机与活力。

目前，人形机器人正逐渐从工业与建筑场景拓展至家庭服务场景，并有望引领一场家庭服务的全新变革。作为贴心生活伴侣，人形机器人身兼数职，不仅是照料家人、操持家务、辅导学业的好帮手，还是娱乐的好伙伴。它们可以悉心照料老人和儿童，操持简单家务，还可以辅导孩子学业、陪伴孩子玩耍。随着人口老龄化的加剧和家庭结构的变化，家庭服务需求将持续攀升，进一步推动人形机器人在相关市场的普及。人形机器人在家庭服务方面的特色和亮点如下。

1. 仿真人外形

人形机器人以仿真人外形为设计基础，这种逼真外形，更易于让家庭成员感到亲近。这种外形有助于机器人与家庭成员建立深厚的情感纽带，增进互动，从而让家庭成员更愿意接纳它，将它视作家中的一员。

2. 直观交互体验

人形机器人支持文字、语音、视觉等多种交互方式，可与家庭成员进行自然对话。这种人性化的交流方式，不仅提升了用户的接受度，还能确保服务更加贴心和精准。

3. 智能学习能力

人形机器人配备了环境感知和深度学习技术，能够在观察和互动中持续自我提升。这使得它能够灵活适应家庭环境的变迁，为用户提供更智能、更个性化的服务。

4. 一站式功能集成

人形机器人集成了家务协助、休闲娱乐、健康管理、安全防护等多重功能，可以全方位满足家庭成员在生活、学习和工作中的不同需求，从而显著提升家庭生活的品质。

总的来说，人形机器人的显著优势在于其"全面"的功能性。它不仅能够出色地完成洗衣、烹饪、清洁等常规家务，还能满足对老年人的照料以及对儿童的陪伴等特定需求。此外，作为一款高度智能化的硬件设备，人形机器人在服务品质、响应速度和持久性上都展现出相较传统家政服务人员的优越性。随着其规模化应用，人形机器人无疑会深刻改变家庭服务业的服务方式和产业结构。

目前，人形机器人在家庭服务场景的应用尚处于初始阶段，其主要功能集中在完成基础陪伴、娱乐互动以及执行简单家务等任务方面。以日本的SoftBank公司推出的Pepper机器人以及美国的Jibo机器人为例，这些先进的人形机器人已经能够实现语音交流、识别面部表情以及分析情感等功能，为用户提供贴心的陪伴和基本的家政服务。

二、Pepper和Jibo机器人的多重角色

Pepper是由日本SoftBank公司研发的一款具有人类情感的人形机器人。Pepper身高为120厘米，拥有拟人化的设计与丰富的肢体语言，可与人类进行

交流。该机器人配备了先进的语音识别功能，能够准确理解和回应人类的指令。同时，它还具备识别表情和声调的情绪识别功能，从而更加智能地与人类互动。在商业领域，Pepper 已被全球超过 2000 家企业采用，服务于零售、金融、健康护理等多个行业。在家庭环境中，Pepper 则能够扮演智能家居控制中心、儿童玩伴、老人陪伴者等多重角色，如图 6-1 所示。

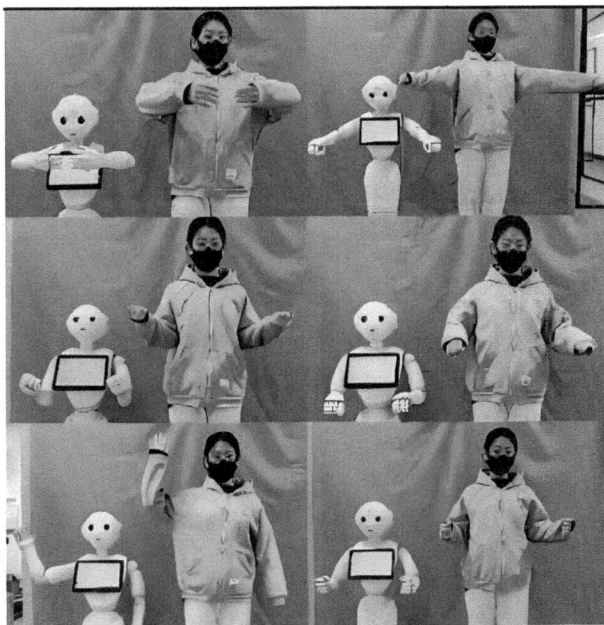

图6-1　不同示范动作下 Pepper 机器人的表现

此外，美国的 Jibo 机器人则以其独特的外观设计和强大的功能吸引了众多消费者的关注。Jibo 高约 28 厘米，重约 2.7 千克，拥有电子眼睛、耳朵，并能发出声音。它的头部可以 360° 旋转，便于进行声音定位和人脸识别。Jibo 支持 Wi-Fi 和蓝牙连接，并配备了双摄像头和两个扬声器，以及全身触控功能。在功能上，Jibo 不仅能讲故事、聊天和提供安慰，还可以拍照、做日程提醒，甚至处理订餐、发送邮件等任务，这使得 Jibo 成为一个全方位的家庭助手和伙伴。

值得一提的是，这两款机器人在设计和制造过程中都充分考虑了用户的情感需求。Pepper 机器人的拟人化设计和优美的肢体语言让其更具亲和力，而 Jibo 则以其可爱的外观和温馨的语音交互赢得了用户的喜爱。这些巧妙的设计不仅提升了机器人的实用价值，更在情感层面为用户带来了温暖的陪伴。

虽然人形机器人在家庭服务场景的应用尚处于初始阶段，但 Pepper 和 Jibo 这两款机器人的出现无疑为这一场景注入了新的活力。它们以先进的技术和人性化的设计为用户提供了贴心的陪伴和基本的家政服务，展现出了人形机器人在未来家庭生活中的巨大应用潜力。随着技术的不断进步和应用场景的不断拓展，我们有理由相信，人形机器人将在未来家庭生活中扮演更为重要的角色。

三、"夸父"追人的故事

2023 年 12 月，人形机器人"夸父"横空出世，成为国内首款既能跳跃又能在多种地形行走的开源鸿蒙人形机器人。"夸父"成长快速，在智能硬件的加持下，展现出了卓越的运动能力。它不仅拥有全向行走、跳跃等基本技能，更引人注目的是其出色的上肢操作能力。通过物体位置识别、末端轨迹规划以及柔性物体抓取等先进技术的支持，"夸父"能够游刃有余地完成洗衣、浇花、插花〔见图 6-2〕、晾衣等各项家务。"他"总是围绕用户的家庭服务需求，贴心地陪伴在用户的左右。人形机器人与家庭服务场景相结合的探索实践，标志着人形机器人在技术上正不断攻克难关，向实际应用迈进。

图6-2 "夸父"人形机器人学习插花

2024 年 3 月，2024 中国家电及消费电子博览会（Appliance & electronics World Expo，AWE）在上海盛大开幕，吸引了上千家国内外知名企业参会。在此次博览会上，海尔机器人与乐聚机器人携手展示了"夸父"人形机器人，并将其定位为国内首款专为家庭服务设计的通用人形机器人。在演示环节，该机器人熟练地完成了洗衣服、晾晒衣服以及浇花、插花等家务工作，展现了其出色的家务处理能力。这款人形机器人彰显了海尔机器人与乐聚机器人在人工智能、机器人技术以及智能家居领域的卓越技术实力和坚实的合作根基。

值得一提的是，在短短 3 个月内，"夸父"的自由度就从 28 个显著提升到了 40 个，这极大地增强了其全身运动控制能力。更高的自由度虽然需要匹配更复杂的运动控制算法，但同时也使机器人的动作更为人性化和灵活多变。此外，乐聚机器人正致力于研发新一代高扭矩密度关节电机，预计未来"夸父"的整体扭矩性能将提升 30%，这使得其动作更为精确和有力。

海尔机器人在家庭服务场景拥有庞大的用户群体和广阔的应用前景，而乐聚机器人则凭借多年在人形机器人技术方面的研发积累，以及具备巨大潜力的人形机器人产品线，为这一合作提供了坚实的技术支撑。两家公司持续加强合作，致力于技术革新与突破，旨在为用户提供更加智能、贴心的产品和服务。这款人形机器人的精彩亮相，正是对双方在"人形机器人与智能家居"融合应用方面最新研究成果的生动展示。

展望未来，乐聚机器人首席产品官（Chief Product Officer，CPO）柯真东表示，乐聚机器人将集中攻关人形机器人关节、驱动器、运动控制及上肢操作等核心技术，力求实现技术上的新突破。这些技术上的新突破预计将带来机器人性能的显著提升。例如，机器人将可能拥有更高的负载能力，能够实现前后跳跃和跑步等复杂动作。通过深度学习和强化训练，人形机器人将能够在多样化的场景下自主执行各类任务。

四、规模化应用与国产化

实际上，各路资本早已认识到人形机器人在家庭服务场景的巨大商业价值。高盛预测，在最理想的情况下，2035 年人形机器人市场规模有望达到惊人的1540 亿美元，这约等于 2021 年智能手机市场规模的 1/3。这一预测表明，人形机器人正迅速崛起，成为继智能音箱和扫地机器人之后，家庭服务场景中又一个具有巨大潜力的新兴产品。

尽管人形机器人拥有广阔的发展前景，但要实现其真正的规模化应用，仍需汇聚多方力量，共同构建一个健康的产业生态圈。一方面，机器人企业需要与科研机构紧密合作，不断实现核心技术突破；另一方面，机器人企业也应积极与具有多元应用场景的企业进行深度合作，共同探索切实可行的落地方案。

此外，一个完善的产业链体系对于人形机器人的规模化应用来说至关重要。这涵盖机器人本体的研发、人工智能算法的开发、关键零部件的供应，以及系统的集成等各个环节。这些环节需要通过精细的分工与紧密的协作，来共同夯实整个产业的基石。与此同时，建立标准化体系也势在必行，该体系可以规范产品的技术指标和应用场景，从而为后续产品的快速复制和推广奠定坚实的基础。

从发展经验来看，家庭服务场景中的人形机器人产业的发展离不开政府部门、企业、高校、科研机构等多方的协同合作。唯有整合各方资源、拓展产业生态，我们才能最终实现人形机器人从概念到实际应用、从个别案例到规模化应用的跨越式发展。

海尔机器人和乐聚机器人的合作无疑具有较强的代表性，海尔机器人可以为机器人提供丰富的智能家居应用场景，而乐聚机器人则能贡献其先进的硬件和算法技术，双方相互支持，实现共赢，初见成效。据乐聚机器人首席执行官常琳于 2024 年 6 月接受媒体采访时的介绍，"夸父"人形机器人的零部件国产化率已达到 95%。这一高度国产化的产品不仅产业链完善，还能在成本和良率方面为企业提供领先优势，从而有力地推动整个机器人行业朝着规模化、商用化和产业化的方向发展。乐聚机器人在实现第一批人形机器人交付的同时，也在持续优化成本，从 2023 年开始，预估 3 年后"夸父"人形机器人售价可达 10 余万元，5 ～ 10 年后售价达到 5 万元，从而真正打造一款绝大多数人都能用得起的人形机器人。

总之，全球的家庭服务场景正经历由人形机器人引领的变革。这些人形机器人以仿真人外形、直观交互体验、智能学习能力及一站式功能集成等特色和亮点，逐步渗透到家庭服务场景。从 Pepper 到 Jibo，再到国产"夸父"，它们在陪伴、教育、娱乐及家务等方面展现出巨大潜力，不仅提升了家庭生活品质，也为家庭服务行业注入了新活力。海尔机器人和乐聚机器人合作推出的"夸父"能熟练处理家务，展示了优越技术实力和坚实合作根基。展望未来，随着技术进步和应用深入，人形机器人有望在家庭服务场景中发挥更重要作用，为更多家庭带来便捷与乐趣。

第三节　医疗护理

在医疗护理场景，医疗体系正面临巨大挑战。人口老龄化的加剧、慢性病发病率的攀升以及新型疾病的涌现，使得医护人员短缺、资源分布不均及高昂成本等问题愈加突出。然而，人形机器人的快速发展为医疗护理带来了革命性变化。它们以仿真人外形、高灵活性及智能化，在多个医疗环节展现出巨大潜力，成为提升医疗服务质量与效率的关键力量。

一、人形机器人在医疗护理场景的优势

如前面所述，在医疗护理场景，民众对医疗服务和康复的需求持续增长。目前，行业内面临的几个关键问题，包括医护人员的短缺、医疗资源的非均衡分布，以及高昂的医疗成本。

国家卫健委发布的数据显示，预计从 2022 年至 2035 年，中国 60 岁及以上的老年人口数量将持续上升。预计 2035 年左右，这一年龄段的人口将达到 4 亿人，占总人口的 30% 以上。这一数据清晰地显示，养老问题已成为中国家庭所面临的紧迫问题。

人形机器人技术的快速发展，为我们提供了一个全新的解决方案。它们不仅具备仿真人外形和运动能力，更可以模拟人类的行为和操作，这使得人形机器人在医疗护理场景具有得天独厚的优势。它们可以深入医疗工作的每一个环节，从诊断到手术、从护理到康复训练，人形机器人都能发挥不可替代的作用。

微软对人形机器人在医疗护理行业的应用抱有极大的期待。该公司认为，到 21 世纪末，医疗护理有望成为世界上最大的潜在市场，然而目前这个行业却饱受资金短缺之苦，同时在招聘或重新培训员工方面也缺乏动力。人形机器人或许并非最完美的解决方案，但对于一个正面临着"长寿挑战"情况日益加剧的行业来说，人形机器人无疑成为一种不错的解决方案。

人形机器人将在医疗护理场景发挥举足轻重的作用，它们能够有效地辅助医护人员进行日常工作，进而显著降低他们的工作强度和负担。人形机器人在医疗护理场景的作用和优势具体表现在以下几个方面。

首先，人形机器人以其独特的仿真人外形，展现出了与众不同的交互优势。它们能够模拟人类的行为和语言，与患者的沟通更为顺畅、自然。这种人性化的交互方式相较冷冰冰的传统机器人或界面的交互方式，更能触动患者的心灵，让他们感受到温暖与关怀。因此，人形机器人不仅能获得患者的信任并使患者对其产生亲近感，还能在很大程度上减轻他们的焦虑和压力，进一步提升患者的舒适度和治疗配合度，为医疗服务带来更多的人文关怀。

其次，人形机器人在服务领域展现出其卓越的灵活性和强大的适应性，这

使得它们能够在多样化的环境中和面对复杂多变的需求时提供周到而贴心的服务。特别是在康复训练领域，人形机器人表现出了独特的优势。它们能够根据患者的身体状况和恢复进程，精准地评估并灵活调整训练策略，无论是力量训练的强度，还是动作矫正的精确度，人形机器人都能进行个性化的设置。这样的人形机器人不仅提供了更高效、更安全的康复训练方法，而且显著优化了患者的康复成效，为他们的康复之路增添了有力的技术支持。

再次，人形机器人不受生理疲劳的影响，能够始终保持高效且准确的工作状态。这一方面在医疗保健与康复服务中尤为重要，因为人形机器人能够提供持续、不间断且优质的服务支持。不知疲倦、任劳任怨是它们的优秀品质，它们永远是忠诚的守护者。无论是白天还是夜晚，它们都能坚守岗位，确保患者得到及时的照顾和康复辅助。这种持续性的服务不仅有助于患者的康复，还有效降低了医护人员的工作压力和负担。医护人员可以将更多精力投入复杂病例的处理和高质量医疗服务的提供上，从而推动整体医疗服务水平的提升，为患者带来更好的治疗体验。

从次，人形机器人的智能化和联网功能，使其能够借助高速网络，实时链接全球各地的医疗专家，汲取他们的智慧与丰富经验。通过这种方式，人形机器人可以为患者提供即时、具有针对性的专业指导和医疗帮助，确保患者能够得到最适合自己的治疗方案。这一创新模式彻底打破了传统医疗服务中的地理与资源限制，使得身处不同地区、拥有不同经济条件的患者，都能够平等地享受到世界级的先进医疗服务。这不仅提高了医疗服务的可及性和质量，还极大地推动了全球医疗资源的共享与优化。

最后，人形机器人凭借其高度发达的传感系统，能够实时捕捉并记录患者的各项生理数据以及康复的进展情况。这些数据不仅数量庞大而且种类繁多，涵盖从心率、血压到运动恢复程度等多个方面。通过运用先进的人工智能技术，人形机器人可以深入剖析这些数据，挖掘出隐藏在其中的关键信息和潜在规律，并为医护人员提供全面、详尽且精准的患者状况报告，极大地帮助他们更科学地评估患者的治疗效果。医护人员可以根据这份报告，针对每位患者的具体状况，制定出更贴合实际的个性化治疗方案，从而大大提升治疗的针对性和时效性。

二、多方面应用场景

基于人形机器人的以上这些作用和优势，人形机器人在医疗护理场景得到广泛的应用。特别是在诊断与治疗、康复训练、护理与照顾、心理辅导以及远程监护与操作等多个方面，人形机器人极大地提升了医疗服务的质量与效率，为患者带来了更加精准、个性化的照护体验。

1. 诊断与治疗

人形机器人可以通过图像识别技术分析医学影像，为医护人员提供初步的诊断建议。此外，它们还可以协助医护人员进行手术，通过精确控制手术工具来提供手术指导。这些机器人的操作精度高，有助于提高手术的成功率并降低风险。

2. 康复训练

人形机器人能够根据患者的状况和需求，为患者提供个性化的康复计划。它们可以协助患者进行物理治疗、康复运动等，帮助患者恢复运动功能。同时，机器人还能监测患者的康复进展，以便及时调整治疗方案。

3. 护理与照顾

人形机器人可以为患者提供对日常生活活动的协助，如帮助患者做家务等，从而减轻医护人员的工作负担。此外，它们还可以监测患者的生命体征，如心率、血压等，为医护人员提供实时的临床数据。这一功能有助于医护人员迅速掌握患者的实时健康状况，从而能够及时、准确地制定出相应的治疗计划与干预措施，有效提升了医疗照护的效率与质量。

4. 心理辅导

人形机器人还具备心理辅导的功能。它们可以与患者进行简单的对话，提供情感交流和支持。这有助于缓解患者的焦虑、抑郁等情绪，保障其心理健康。机器人还可以通过感知患者的情绪和需求，进行智能化的应对，为患者提供更加人性化的关怀。

5. 远程监护与操作

人形机器人结合传感器技术，使得医护人员可以实时监测患者的生命体征数据，并远程提供医疗指导和支持。此外，通过远程操作技术，医护人员甚至可以进行远程手术，从而拓宽和提高了医疗服务的范围和可及性。

基于上述分析，人形机器人在医疗护理场景的广泛应用不仅标志着科技进步与医疗服务的深度融合，更预示着未来医疗护理模式的革新与升级。通过精准的诊断与治疗、个性化的康复训练、全方位的护理与照顾、贴心的心理辅导以及高效的远程监护与操作，人形机器人极大地提升了医疗服务的质量和效率，为患者带来了更加全面、细致且人性化的照护体验。随着技术的不断成熟与普及，人形机器人有望成为医疗体系中不可或缺的一部分，推动医疗行业向更加智能化、精准化、人性化的方向迈进，为全球人类的健康贡献力量。

三、傅利叶智能：从康复机器人到通用人形机器人

傅利叶智能，自 2015 年成立以来，已稳固扎根于上海张江机器人谷。作为国内康复机器人行业的佼佼者，该公司已累计推出 30 余款产品，其服务范围遍布全球，惠及 2000 余家医疗机构。

傅利叶智能在初创阶段便聚焦于康复机器人的研发与应用，成功实现了该技术的规模化推广。随后，公司巧妙地将其在康复机器人领域的商业硕果与技术积淀转化为通用人形机器人的研发动力。2019 年，傅利叶智能果断启动了通用人形机器人项目，经过不懈努力，于 2023 年 7 月正式推出了首款通用人形机器人 GR-1（见图 6-3），并在同年 9 月迅速开启预售，展现了公司在商业化方向上的迅猛发展。

图6-3　GR-1正在快速行走

GR-1 是一款身高为 165 厘米、体重为 55 千克的通用人形机器人，它拥有 44 个自由度，这赋予其出色的灵活性和较大的动作范围。该机器人采用了一体化自研关节模组作为高效执行器，并实施了直膝行走方案，以模拟人类直膝行走的自然步态。GR-1 的步速可达到每小时 5 千米，它不仅行走迅速，还具备敏捷避障、稳健上下坡以及强大的抗冲击干扰能力。这款机器人将在工业与建筑、家庭服务以及医疗护理等多个场景发挥重要作用。

自 2015 年，傅利叶智能便致力于康复机器人的研发工作。随后的几年间，他们成功推出了包括上肢康复机器人、下肢外骨骼机器人在内的 30 余款创新产品。2019 年中，傅利叶智能再次将人形机器人的研发列为重点计划。2023 年 7 月 12 日，傅利叶智能举行通用机器人战略发布会，该公司宣布，傅利叶智能的战略重点将从专注研发专用康复机器人，转向构建通用机器人技术平台。尽管如此，智能康复板块仍是傅利叶智能的重要业务板块，将机器人技术落地医疗护理场景，为全球医疗康养机构提供一站式智能康复解决方案还是公司的核心业务。

傅利叶智能的迅猛成长引人注目，在极短的时间内，该公司便跻身中国康复科技的前沿。其研发的机器人已经通过了美国和欧盟等的权威认证。时至今日，该公司在新加坡、马来西亚以及中国的广州市和珠海市都已设立了分支机构。

当然，我们也应清醒地认识到，相对于傅利叶智能公司的快速成长，目前人形机器人在医疗护理场景的应用尚处于初始阶段。其所面临的挑战涵盖技术的完善程度、成本控制能力、医疗精准度以及安全性能等多个层面。为了确保人形机器人在各类医疗环境下均能精准地完成任务，它们必须具备出色的操作稳定性和判断力。同时，鉴于医疗行业对于安全和隐私的严苛要求，人形机器人的制造与使用均须通过一系列严密的标准审核和认证流程。但这一系列流程并不影响人形机器人在医疗护理场景的广泛应用前景。

第四节　军事与救援等特种行业

人形机器人在军事与救援等特种行业中的应用，正成为技术革新的前沿领域。凭借仿真人外形设计和高度智能化，这些机器人不仅能深入复杂环境进行精确感知与作业，还能在危险场景下替代人力，降低人员伤亡风险。从战场支援到灾害救援，人形机器人的多功能性正在重塑我们对特种行业的认知和期待。

一、古希腊战神阿瑞斯附体的Atlas

阿瑞斯，这个参与了特洛伊战争等众多重要战役的古希腊神话中的战神，以其无与伦比的勇气和力量，成为无畏与战斗的象征。而今，随着人工智能与机器人技术的飞速发展，现代战场上的新"战神"——人形机器人 Atlas，正以其卓越的战场感知能力、战场环境适应性、持续作战能力和协同作战能力，逐步揭开未来战争的新篇章。从模拟人类行走的稳健身姿，到超越人类的视觉与感知能力，Atlas 不仅继承了阿瑞斯的英勇无畏，更以其智能化的优势，引领着军事科技的革命性变革。

在军事场景，人形机器人是模仿人类外观和功能，将人工智能、自主与机器人技术高度融合的智能化复杂系统，可辅助甚至替代人类参与军事行动，其军用前景广阔，可变革未来作战样式。相较传统的有人装备以及轮式和履带式机器人，人形机器人独树一帜、优势显著，具体表现如下。

首先，人形机器人在战场感知方面表现出色。它们能够模拟人类的视觉、听觉和触觉等感觉，不仅具备了与人类相似的感知功能，更在某些感知能力上实现了超越，例如在灰度分辨和微米级目标观测方面，它们的表现优于人类。这种机器人可以在战场上直立行走，拥有更为开阔的视野和精准的战场感知能力，从而能迅速且准确地锁定目标并做出快速响应。

其次，人形机器人在战场环境适应性方面也颇具优势。它们采用双腿行走的设计，这种设计赋予了机器人与人类相似的行走和跳跃能力。这使得机器人在错综复杂的战场环境中能够稳健行走，轻松越过壕沟和低矮障碍，展现出卓越的机动性和避障技巧。

再次，人形机器人在战场上具备长时间持续作战能力。由于人形机器人不受生理条件限制和疲劳影响，它们可以在战场上长时间持续作战而无须休息。这种能力使得人形机器人在执行长时间任务或持续作战时具有显著优势，确保了作战的连续性和高效性。

最后，人形机器人在协同作战能力方面同样不容小觑。随着人形机器人的可信度不断提升，它们能够与士兵组成关系紧密的人机编队。在战场上，这些机器人能够与士兵并肩作战，共同操控武器，提供支援保障，甚至在必要时救援伤员，从而显著提升了士兵的战斗力和生存能力。

在军事应用中，人形机器人凭借其出色的战场感知、信息处理和通信能力，展现出了巨大的应用潜力。这些机器人不知疲倦，可携带众多单兵武器，并具备良好的防御能力。它们能以更高的射击速度和精度击中目标，显示出强大的作战实力。此外，在后勤等人力密集型领域，人形机器人可承担物资搬运、战场清理、设备维修等任务，显著减轻士兵的工作负担。在救援伤员方面，这些机器人同样能发挥重要作用，它们可以迅速将伤员转移至安全地带，减少对救援人员的依赖。更重要的是，人形机器人不受生理条件限制，因此极有潜力替代士兵在极端环境如高温、低温、高海拔或有毒区域执行高风险任务，如排爆、侦察和攻击等。

美国对军用人形机器人的研究给予高度关注。早在 2005 年，其陆军就已投资进行战地撤退与救援机器人的研发工作。到了 2008 年，他们进一步研制出了名为 Petman 的人形机器人，专门用于防护服的测试工作。Atlas 是波士顿动力公司接受美国国防部高级研究计划局（Defense Advanced Research Projects Agency，DARPA）指派研发出的人形机器人，这款机器人早期主要用于国防军事活动和重大灾难的救援重建。Atlas 机器人的初始设计目标是参加由美国国防部高级研究计划局主办的"机器人挑战"竞赛。此项竞赛意在推动具备独立感知与操作能力的机器人的研发，使这类机器人能在艰险及挑战性强的环境下完成工作。Atlas 装有 48 伏特的电池和液压缸作为其动力系统，这使它能够完成诸如奔跑、跳跃、攀爬及保持平衡等复杂动作。此外，它还装备了先进的传感器和计算机视觉系统，从而能在各种错综复杂的环境中自如导航并完成任务。联邦采购数据系统的数据显示，自 1994 年以来，波士顿动力公司从美国军方获得的合约价值 1.5 亿美元。经过多年的更新迭代，Atlas 已经成为目前世界上最先进的人形机器人之一。

此外，2017 年，俄罗斯公开了他们自主研发的人形机器人 FEDOR（见图 6-4），这一举动立即引发了社会各界的广泛关注。仅从其外观设计来看，FEDOR 与电影《终结者》中的机器人颇为相似，令人印象深刻。FEDOR 的亮相，无疑从侧面印证了每一项尖端技术的成功研发，都不可避免地会被审视其潜在的军事应用价值。网络上流传的 FEDOR 持枪射击的影像资料显示，它在射击准确度和速度方面的表现已超越人类士兵。这在一定程度上表明，人形机器人在战斗力上赶超人类，已不再是天方夜谭。

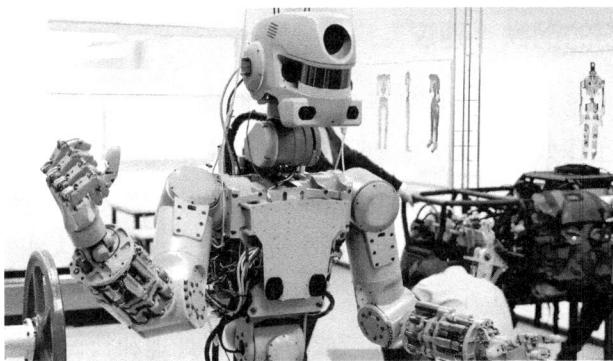

图6-4 俄罗斯人形机器人FEDOR

二、救援场景的急先锋

正如人性中存在着光明与阴暗两面，人形机器人也同样展现出"多重性格"。人形机器人既可以被塑造为可怕的"恶魔"，也可以化身为英勇的急先锋。人形机器人在救援场景中展现出了巨大的应用潜力。

当地震、火灾或洪水等灾害袭来时，人形机器人能够迅速定位受灾人员，显著提升救援效率，并降低人员伤亡率。它们独特的优势在于它们能够在人类难以抵达或无法进入的区域，如废墟中，进行搜救工作。在这些具有潜在危险的区域，人形机器人可以配备多种传感器和设备，用于探测生命迹象、寻找被困人员以及检测有害气体，为救援人员提供至关重要的信息。

不仅如此，人形机器人还能执行高风险操作。在面对高温、有毒或放射性环境时，这些机器人可以发挥其独特的优势，从而保护救援人员免受危害。如在消防救援领域，火灾现场往往伴随着高温、有毒烟雾和复杂的建筑结构，这给救援工作带来了巨大的挑战。然而，人形机器人能够勇敢地深入火场，进行灭火和救援行动。它们不仅能够快速定位火源并实施灭火操作，还能在高温和有毒烟雾中寻找并救出被困人员，极大地提高了救援效率和成功率。

此外，在灾区物资运输受限的情况下，人形机器人能够自主导航，将急需的物资送达受灾人员和救援人员手中，甚至为他们提供生活支持，如送餐和运送医疗物资。

尽管人形机器人在救援场景中表现出色，但其仍面临一些挑战和限制。复杂环境可能会影响机器人的行动能力，使其无法完全替代人类开展救援工作。同时，技术成本和维护费用也是需要考虑的重要因素。

三、视死如归的钢铁"硬汉"

在危险作业场景中，人形机器人正逐步取代人类在恶劣环境中工作，这不仅显著提升了工作效率，还大幅增强了作业的安全性。在石油和天然气开采领域，人形机器人在钻井、油气管道检查以及危险化学品处理等环节展现了其独特的优势。借助远程操控和先进的智能决策系统，这些机器人能够在高污染、高辐射等极端条件下稳定工作，既提升了工作效率又保障了安全。

在核能领域，人形机器人正逐渐成为核废料处理和核设施维护等危险作业的中坚力量。这些机器人以其高精度和稳定性，在复杂的核能环境中进行精确操作，确保了作业的安全与效率。核辐射对人体的潜在危害极大，长期接触核辐射可能导致严重的健康问题，甚至危及生命。正因如此，人形机器人的引入变得至关重要。它们不仅能够在高辐射区域执行任务，从而极大地降低了工作人员暴露于辐射环境下的风险，还能够减少或避免直接的人为操作，显著降低了可能的人员伤亡风险。这一创新应用不仅体现了科技在保护人类安全方面的巨大潜力，也为核能行业的可持续发展提供了强有力的技术支撑。

此外，人形机器人在多个领域，包括矿山开采、化学工业等，也展现出了其巨大的应用潜力。在矿山开采领域，这些机器人能够深入矿井中执行巡查和采矿等危险且重复的任务。它们精准的操作和不知疲倦的工作能力，不仅提高了矿产资源的开采效率，还极大地降低了矿工面临的安全风险。在化学工业领域，人形机器人同样展现出了其独特的优势。化工厂中常常存在着各种有毒、有害或易燃易爆的物质，这对工作人员的安全构成了极大的威胁。然而，人形机器人可以在这样的环境下进行厂区巡查，及时发现潜在的安全隐患，并处理危险品，从而确保化工生产的安全与稳定。

当然，尽管人形机器人在危险作业场景的多个领域都展现了其不可替代的优势，但其在实际应用中仍面临着技术成熟度、成本效益比以及环境适应性等方面的挑战与限制。为了更广泛地推广和应用这些钢铁"硬汉"，人们不仅需要持续投入研发力量，对机器人的智能算法、动力系统及材料进行深度革新，以降低制造成本并提升其在复杂环境中的可靠性和稳定性。同时，人们还需加强跨学科合作，探索人机协同的新模式，确保技术进步真正惠及人类，推动社会各行业向着更加安全、高效、可持续的方向发展。

四、人形机器人引领巡逻新纪元

在安防巡逻领域，人形机器人也有了用武之地。挪威机器人公司1X Technologies推出的EVE轮式人形机器人已在安防巡逻领域取得实际应用。1X Technologies自2014年成立以来，一直致力于研发具备高灵活性和可扩展性的人形机器人。2022年，1X Technologies公司推出了EVE轮式人形机器人，这款机器人配备了照相机和传感器，能够有效地感知周边环境，并与周边环境进行智能交互。EVE的身高约为1.87米，体重约为87千克，它拥有出色的移动能力，最高速度可达每小时14.5千米。此外，EVE还具备较强的负载能力，可以携带约15千克的物品。在充电方面，它表现优异，仅需充电1小时，便可连续工作 6 小时。正是凭借先进的设计和独特的性能，EVE 能够在多样化的环境中完成巡逻、监控、搬运等多重任务，展现了出色的适应性和实用性。2023 年，EVE 在两个工业场所承担安保工作，成为安防巡逻卫士。

EVE 这类机器人以其独特的头部、面部特征以及两只能够自主移动的手臂，显著区别于其他同类安防巡逻机器人。近年来，虽然已有非人形机器人，如 Knightscope 公司开发的蛋形机器人 K5 和瑞士创业公司 Ascento 制造的两轮机器人，被投入安防巡逻工作中，但人形机器人，如 EVE，之前主要停留在实验室阶段，未能真正融入实际应用场景。技术的持续进步和成本的逐步降低预示着人形机器人在安防巡逻行业的应用前景将越来越广阔。它们能够在工厂等多种复杂环境中执行安防巡逻任务，对设备外观及其开关、仪表等进行详尽检查，及时发现潜在的安全风险。

不过，要使人形机器人在安防巡逻领域得到更广泛的应用，仍需面对不少技术挑战和社会问题。这些挑战和问题的解决方案包括提升机器人的自主性和智能水平，使其更灵活地应对和满足多变的环境和任务需求；同时，也需要重视数据安全和隐私保护，确保商业机密和个人信息不被泄露。

五、人形机器人在航天的极限挑战

在航天领域，人形机器人扮演着多重角色，它们能够参与诸多关键环节的工作，进而提升航天员的工作效率和任务执行效率。这些机器人不仅在空间站内成为航天员的左膀右臂，更在太空环境中独立完成任务，甚至在极端条件下进行科学考察与研究。

在空间站内部，人形机器人可完成环境监控、设备维护及实验执行等重复或具有危险性的工作，显著降低航天员的劳动强度。在空间站外部，这些机器人能进行太空行走，处理航天器表面的维修工作，安装或维护外置设备，甚至参与清理太空垃圾，从而降低太空碎片对在轨卫星和其他航天器造成危害的风险。在更为深远的外太空探险中，人形机器人还能进行地表勘探、样本收集等任务。它们能在极端环境中自主作业，深入未知区域探索，为科学研究及未来资源开发提供宝贵的数据支撑。

与航天员相比，人形机器人在航天领域的应用具有一系列明显的优点。从任务契合度和经济效益的角度来看，人形机器人的生产和装配极具灵活性，人们能够根据特定任务的具体要求对其进行精准定制，因此在多样化的复杂环境中人形机器人表现出色。这种高任务契合度，再加上机器人固有的高效率，大大降低了航天员选拔、训练的复杂程度和相应的成本投入。同时，采用人形机器人还节省了维持航天员生存所必需的昂贵生命保障系统的开支，有效减少了因人类生理约束造成的工作停顿，从而进一步保障了任务执行的连贯性和高效率。

早在 2011 年，美国国家航空航天局就已经向国际空间站发送了 Robonaut 2 人形机器人，旨在测试人形机器人在太空环境中的可操作性和适应能力。在经过一系列的训练之后，人们已经能够成功地从地面远程控制该机器人，使其完成诸如操作开关、清洁扶手等基础任务。

2023 年，美国国家航空航天局将美国约翰逊航天中心新推出的人形机器人"女武神"（Valkyrie）（见图 6-5）送往澳大利亚，以进行全方位的测试。此次测试行动的主要目的是对"女武神"软件系统进行验证，并收集重要的数据和反馈，从而进一步推动太空机器人技术的深入研究和快速发展。

图6-5　人形机器人"女武神"

"女武神"仿人机器人由美国约翰逊航天中心于 2013 年研发并制造，其身高达到 1.9 米，体重为 125 千克。该机器人的腿部与手臂采用铰接式设计，凭借长寿命电池提供的强劲动力，该机器人能够灵活地移动。不仅如此，"女武神"在腿部、腹部、肩部和头部装备了总计 200 个传感器，这些传感器能够精准分析地形数据，帮助机器人在行进中选择最为平坦的路径。它还能通过向地面发射光波，并计算光波反射回来的时间，从而精确测量脚部与地面的距离。

美国国家航空航天局指出，对于月球和火星这样的星球表面，遥控移动机器人技术能让地球上的操作人员在没有航天员在场的情况下执行关键任务。

这不仅使得人类能够远程监控具有潜在危险的工作，还能将人们从单调且重复的劳动中解放出来。此外，与美国国家航空航天局深度合作的机器人公司Apptronik，也将人形机器人 Apollo 的长期目标定位于太空探索，旨在执行一系列太空复杂任务。

随着科技的飞速进步，人形机器人将逐步突破传统技术的限制，在各个应用场景展现出巨大的应用潜力和深远影响。业内专家指出，在人工智能等技术的助力下，人形机器人的核心部件性能正持续得到改进，同时整机的设计与制造也已实现了规模化。展望未来，该产业有望加快在小规模结构化场景中的应用步伐，并在中长期内逐渐拓展至更广泛的工业、公共服务等半开放应用场景。最终，人形机器人将实现全场景通用应用，其市场规模甚至可能与现今的新能源汽车产业媲美。

第七章

人形机器人的社会影响

　　人形机器人技术的迅猛发展不仅预示着技术革新的一次飞跃，更将对社会各个领域产生了深远的影响。尤其是人形机器人通过助力相关产业的扩张，展现出其在推动产业转型升级、促进经济繁荣方面的巨大潜力。同时，人形机器人正悄然改变着劳动力市场的结构，对就业形态、职业分工乃至社会经济结构带来深刻变革。

第一节　推动相关产业转型升级

随着科技的飞速发展，人形机器人技术已逐渐融入我们的日常生活，其广泛应用不仅改变了我们的生活方式，更对相关产业的转型升级起到了显著的推动作用。工信部发布的《人形机器人创新发展指导意见》明确提出，"人形机器人集成人工智能、高端制造、新材料等先进技术，有望成为继计算机、智能手机、新能源汽车后的颠覆性产品，将深刻变革人类生产生活方式，重塑全球产业发展格局。"

一、智能制造产业的巨型助推器

2024年3月16日，德国著名车企梅赛德斯－奔驰与通用仿人机器人开发商Apptronik展开合作，双方达成了一项重要协议。根据协议，梅赛德斯－奔驰将引进Apptronik开发的Apollo人形机器人（见图7-1），并将其安排在工厂开展工作。这些机器人将承担搬运、装配零部件等繁重的工作，旨在全面测试人形机器人在汽车制造领域的应用潜能以及它们执行多样化任务的能力。这一合作标志着汽车制造业与高科技的深度融合，预示着未来汽车制造模式的革新与升级。

图7-1　Apollo人形机器人

　　智能制造代表着一种前沿的制造模式，它深度整合了信息技术、人工智能、自动化技术等多种先进技术，依托智能化的设备与系统，不仅实现了制造过程的自动化、数字化，还极大地推动了制造流程的智能化升级。这种制造模式不仅提升了生产效率与产品质量，还提高了制造系统的灵活性与响应速度，为制造业的转型升级提供了强有力的技术支撑。智能制造的技术特点包括高度自动化、信息化、网络化和智能化，它能够实现制造过程的可视化、可控制和优化，提高生产效率和质量，降低生产成本和资源消耗。

　　人形机器人具备高灵活性和多功能性，能够在生产线上承担多种复杂任务，有效推动制造流程向自动化、数字化及智能化方向发展，进而显著提升生产效率并降低运营成本。这一变革使得智能制造产业迅速扩张，为企业创造了巨大的经济价值。人形机器人成为智能制造产业的巨型助推器主要体现在以下几个方面。

　　第一，促进技术的集成与创新。人形机器人集成人工智能、高端制造和新材料等尖端科技，为智能制造产业带来了强大的技术支持，推动了生产方式向智能化转变。

　　第二，推动产业升级与转型。人形机器人能够完成复杂且精细的工作，提高了生产流程的自动化程度，从而大幅提升了生产效率和产品质量，助力传统制造业向智能制造迈进，增强了整个产业的竞争力和可持续发展能力。

　　第三，有助于优化劳动力结构。在智能制造领域，人形机器人的引入减少了对人工的依赖，特别是在繁重和危险的工作环节，引入它们可以使得劳动力更多地专注于具有高附加值的任务。

　　第四，刺激智能制造领域的市场需求。随着人形机器人技术的不断进步和成本的不断降低，其应用范围日益扩大，进而刺激了智能制造领域相关产品和服务的市场需求。

　　第五，促进整个产业链协同发展。人形机器人的研发、生产和应用涉及多个产业领域，包括机器人制造、零部件制造、系统集成和软件开发等，这些产业领域都与智能制造密切相关，因此人形机器人的发展会大大促进整个产业链协同发展。

　　当然，我们必须清醒地认识到，人形机器人相对于智能制造的需求还远未成熟，目前其在工厂主要还是从事低技能、高危险的工作，如物品搬运、拾取和放置，以及贴标、装配等。即使 Optimus、Digit、Atlas、Apollo 等全球较为先进的人形机器人，也主要从事这些工作。人形机器人距离占据智能制造主引擎地位还有很远的路要走。

二、带动零部件制造业的大发展

科技浪潮的每一次翻涌，不仅催生出高精尖产品的单点突破，也能引领整个产业链的崛起，甚至孕育出全新的产业面貌。以智能手机的持续演进为例，它大大促进了包括从原材料获取到芯片、触摸屏生产，再到模组生产与组装等各环节的全产业链繁荣。近年来，新能源汽车市场规模的逐渐扩大，也极大地推动了电池、电机、电控等核心部件的设计与制造的迅速发展。

同样，人形机器人的快速发展也带动了零部件制造业的发展。随着人形机器人市场规模的不断扩大，人们对高性能零部件的需求日益增长。这促使零部件制造业不断创新，提高产品质量和性能，以满足人们对人形机器人的需求，这不仅为零部件制造业带来了庞大的市场空间，还促进了产业链的完善和升级。因此，人形机器人的广泛应用为整个产业链带来了更多的商业机会和更广阔发展空间。

人形机器人的发展对零部件的精度、耐用性和可靠性提出了更高要求。为了满足这些要求，零部件制造商必须加大研发投入，通过技术创新推动产业升级。当前，人形机器人产业的发展能够带动多个相关产业链环节的发展，其中包括伺服电机、减速器、控制器、传感器以及电池组等高精度零部件制造过程。随着人形机器人技术的不断进步和市场需求的不断增长，这些高精度零部件制造业将迎来更加广阔的发展空间。

以电池为例，人形机器人与工业机器人不同，它们需要电池来确保稳定的电能供应。由于人形机器人的特性，它们对电池、放电系统以及电池管理系统（Battery Management System，BMS）的要求非常严苛。以波士顿动力的 Atlas 机器人为例，它配备了容量为 605 瓦时的电池，能够提供 90 分钟的续航。对于商业化量产的仿人机器人，我们假设其续航时间为 4.5 小时，所需电池容量为 1.8 千瓦时，若按照每瓦时单价 1.1 元来计算，每台人形机器人的电池成本大约是2000 元。因此，当人形机器人的出货量达到 200 万台时，其潜在的市场规模约为 40 亿元。

在仿人机器人的硬件结构上，关节是其非常核心的部件。对于仿人机器人来说，关节的性能和设计直接关系到机器人的运动能力、灵活性和整体性能。比如，浙江五洲新春集团股份有限公司的总部位于浙江省绍兴市，它是一家专注于为整机人形机器人研发"关节"的领先企业。该公司相关负责人透露，该公司制造的旋转关节和直线关节，正是构成人形机器人灵巧手的重要运动部件。灵巧手在人形机器人的功能实现中占据了至关重要的地位，其参与完成的工作在所有完成的工作中的占比在 60% 以上。缺少了灵巧手，人形机器人可能就失去了其应有的特性。自 2023 年下半年起，该公司的生产线就一直在忙碌地赶制各类客户样件，以满足业界对人形机器人部件的迫切需求。

电机作为驱动关节的核心部件，直接决定了关节的输出力量和运动表现。当前仿人机器人的造价不菲，尤其是采用准直驱技术的人形机器人，其对电机的性能有着极高的要求。就目前市场价格而言，根据《2022 年仿人机器人行业深度报告》的数据，进口电机的价格普遍在 5000 ~ 6000 元；国产电机的价格在 2000 元以上。与工业机器人不同的是，仿人机器人需要在保证整体性能的同时，尽可能减小体积和重量，因此其对电机的性能和质量有着更为严苛的标准。值得期待的是，随着人形机器人的大规模生产，电机需求预计将迅速增长。

此外，未来人形机器人芯片的巨大需求也将为半导体公司提供广阔的商业"蓝海"。意法半导体、英飞凌等全球知名的半导体公司已经敏锐地捕捉到了这一重要商机，纷纷将目光投向了人形机器人芯片这一潜力巨大的市场，为人形机器人提供从感知到执行的整套半导体解决方案，为机器人芯片发展助力。未来，这些公司可能会加大研发力度，推出更加适用于人形机器人的芯片，以满足人们对人形机器人不断提升的性能和功耗要求，从而在这个新兴市场中占据有利地位。

三、有效解决农业生产低效率问题

有效解决农业生产低效率问题一直是农业科技发展的重要目标。传统农业受限于人力、天气和季节等因素，生产流程烦琐且效率不高，难以满足日益增长的食品供应需求。农业机器人的出现，尤其是人形机器人的脱颖而出，为农业生产带来了革命性的变化。

食品供应需求的不断增长、人口的持续增多，以及新型垂直农业的逐步实施，共同推动了农业机器人市场的迅速扩张。借助机器人的力量，农场能够更高效地完成各项任务，显著缩短从播种到收获，再到农产品加工的时间。同时，考虑到农场工人的薪酬占据了农业总支出的较高，农场管理者们愈加倾向于采用农业机器人来替代部分人力，以降低劳动成本。农业机器人专为农业任务设计，现已在收获环节发挥重要作用。这些全自动化的人形机器人不仅有助于实现农业产业的全面进步，还能有效降低农场工人的劳动强度，减小劳动成本，以及缩短劳动时间，进而提升整体工作效率。此外，农业机器人的功能多样，涵盖土壤检测、杂草处理、播种、环境监测、精准播种以及收获等多个方面，且农业机器人配备多功能工具，能够同时处理多项农业任务。

人形机器人在农业生产领域展现出巨大的应用潜能。为了满足现代农业进步的实际需求，在该领域融合人工智能技术成为关键，这不仅能有效应对生产效率低下和劳动力短缺的挑战，更预示着具备 AI 功能的农业机器人将逐步崭露头角。这些机器人以节能、降成本和环保为特点，将逐步取代人力，诸如采摘、挤奶、放牧等农业活动，都将由专门的机器人（如采摘机器人、挤奶机器人和放牧机器人等）来高效完成。

人形机器人能够在极度复杂且多变的生长环境中稳定工作，并且能够连续 24 小时工作，这是人力所不能及的。传统的农业生产受限于农场工人的体力和工作时间，而人形机器人则可以全天候进行作业，无须休息，从而大大延长了有效工作时间，提高了农业生产的整体效率。在果实成熟度检测方面，人形机器人能够实时监控果实的生长状态，利用先进的视觉算法和传感器技术，清晰地识别出哪些果实已经成熟，同时对果实的三维空间位置进行精确的定位，并为之后的采摘工作做好准备。

此外，人形机器人在进行农业作业时，可以精确控制操作的力度和角度，避免对农作物造成损伤。对于一些成熟后会变得非常柔软的果实，如西红柿、葡萄和草莓等，人形机器人能够精细地控制采摘的力度，确保果实完整无损地被采摘。这种精细化的操作方式不仅保证了农产品的质量，还减少了因操作不当而造成的浪费，从而提高了农业资源的利用效率。这种精细化的农业操作技术，无疑是未来人形机器人在农业生产领域的重要发展方向。

人形机器人的引入还可以优化农业生产流程。传统的农业生产流程中，农场工人需要花费大量时间和精力完成农作物的种植、管理和采摘等任务。而人形机器人可以自动化完成这些任务，降低了农场工人的劳动强度，使他们能够将更多精力投入农业生产的管理和创新中，从而提升了整个农业生产的效率。根据市场研究公司 Research Dive 的数据报告，在 2018 年全球农业机器人市场规模已达 40.828 亿美元，并有望在 2026 年增长至 166.404 亿美元，复合年增长率高达 19.2%。

总之，人形机器人通过连续工作、智能化识别与采摘、精细化操作以及优化农业生产流程等方式，显著提升了农业生产的效率。随着技术的不断进步和应用范围的不断扩大，人形机器人将在农业生产中发挥更加重要的作用。

当然，高昂的成本是农业机器人市场拓展的主要限制因素之一。然而，展望未来，随着人形机器人制造成本的降低，农业人形机器人将迎来巨大的发展机遇。据统计，2020 年我国有 1.77 亿人从事农业生产工作，假如人形机器人能替代其中仅 1% 的农业劳动力，那么其潜在的市场规模便可达到千亿元之巨。

四、煤矿领域技术革新的重要推动力

人形机器人在煤矿领域展现出了巨大的市场潜力，其潜在的市场规模高达千亿元。随着煤矿领域对于安全生产和工作效率的要求不断提高，人形机器人凭借其卓越的适应性和智能化特点，正逐渐成为该领域技术革新的重要推动力。这些机器人能够在矿山的恶劣环境下进行精准操作，不仅提升了工作效率，还大大降低了人员伤亡的风险。从长远来看，人形机器人在煤矿勘探、开采、运输等环节都将发挥关键作用，其市场需求预计将呈现爆发式增长，为煤矿领域的可持续发展注入了新的活力。

科技的不断进步与人们对机器人替代人工劳动需求的日益增长，共同推动了人工智能在煤矿行业的研究与应用的飞速发展。在煤矿行业中，人形机器人正逐步取代矿工等传统劳动力，标志着行业从人工挖掘煤矿时代，经过动力辅助、机械化替代，到如今的自动化减员开采阶段的跨越。展望未来，智能化无人开采将成为煤矿行业发展的终极目标。这一跨越展现的自动化水平的提升，不仅极大地提高了生产效率，也预示着煤矿行业正迈向一个更加安全、高效和智能化的新时代。

煤矿行业存在众多高风险岗位，倘若机器人能替代矿工执行危险性高的作业，那么煤矿行业的安全生产难题将从根本上得到解决。掘进、采煤、运输、电气操作、设备检修以及巡检等作业，在煤矿事故中属于死亡人数比例较高的作业，高风险岗位上的井下矿工占据了总人数的近 60%，而令人痛心的是，他们在煤矿事故中的死亡人数比例竟高达 85%。面对这一严峻形势，若能实现这些岗位上的矿工都由机器人替代，不仅能够极大地提升煤矿行业的整体生产效率，更能在根本上大幅度降低因生产事故造成的矿工死亡人数，为矿工的生命安全提供强有力的保障。此外，这一转变还将促进煤矿行业的智能化升级，推动其向更安全、更高效的方向发展。

2019年1月，为了推动工业机器人与智能装备在危险作业流程中的替代使用，国家煤矿安全监察局（2020年10月更名为"国家矿山安全监察局"）发布了《煤矿机器人重点研发目录》。该目录聚焦于煤矿作业中的关键及高风险岗位，重点致力于研发并推广涵盖掘进、采煤、运输、安控以及救援五大领域的共计38种煤矿机器人。2020年2月，国家发展改革委等八部委联合印发《关于加快煤矿智能化发展的指导意见》。该意见致力于将人工智能、工业物联网、云计算、大数据、机器人、智能装备等与现代煤炭开发利用深度融合，形成全面感知、实时互联、分析决策、自主学习、动态预测、协同控制的智能系统，对提升煤矿安全生产水平、保障煤炭稳定供应具有重要意义。该意见明确提出"加快智能工厂和数字化车间建设，推进大型煤机装备、煤矿机器人研发及产业化应用，实施机械化换人、自动化减人专项行动，提高智能装备的成套化和国产化水平。"

在实践方面，根据中国煤炭工业协会提供的数据，到2020年年底，我国已成功建立超过400个智能化采掘工作面，并在井下实际运用了包括采煤、钻锚、巡检等在内的19种煤矿机器人。同时，有71处煤矿被列入国家首批智能化示范建设煤矿名单。

更为重要的是，未来人形机器人在煤矿行业的发展潜力巨大。根据中国煤炭工业协会在2021年3月发布的数据，截至2020年，我国千万吨级煤矿52处，全国煤炭产量39.0亿吨，我国大型煤炭企业从业人员203.52万人，大型煤炭企业利润1196.9亿元。据媒体报道，矿工的井下工作时间通常被安排为"三班制"。早班，即从早上8点至下午4点；午班则从下午4点持续到晚上12点；而晚班则从凌晨0点开始至早上8点结束。与此相比，一台人形机器人能够无间断地工作，有效替代3名矿工。基于这种1∶3的替代比例，人形机器人在煤矿行业的潜在市场空间极为广阔。

上述内容仅阐述了人形机器人在部分产业的发展情况。而今，人形机器人正以其独特的优势推动更多相关产业的升级与转型，为人类社会带来更加美好的未来。随着技术的不断进步和应用范围的持续扩大，我们有理由相信，人形机器人在未来将会发挥更加重要的作用，成为推动相关产业转型升级的重要力量。

第二节 改变劳动力市场结构

人形机器人在推动相关产业转型升级的同时，也深刻改变着劳动力市场结构。随着人形机器人的不断发展和应用，其对劳动力市场的影响日益显著。这种影响不仅仅局限于特定行业或领域，而是对整个劳动力市场结构进行了深刻改变。人形机器人的广泛应用势必会影响部分传统行业并带动新兴行业崛起，从而引发了就业机会的转移。同时，随着技术的不断进步，新的职业和岗位也在不断涌现，为劳动力市场带来了新的机遇和挑战。这种深刻的改变预示着未来劳动力市场的多样性和复杂性，也为我们提供了思考和探索未来发展方向的契机。

一、"TA"会取代"我"吗?

人形机器人对劳动力市场可能带来的影响包括如下几个方面。

1. 结构性失业

结构性失业现象将随着机器人的广泛应用而出现。简单且重复性高的工作岗位上的工人，如搬运工、清洁工等，可能会逐渐被机器人所取代，从而导致这些岗位上的工人面临失业的风险，以至于有了"'TA'（人形机器人）会取代'我'吗"的疑问。

2. 岗位演变

虽然某些传统岗位可能会因机器人的兴起而逐渐消失，但同时也会催生出全新的岗位。这些岗位往往对技术技能和创新能力有更高的要求，例如机器人编程、系统维护及运营监管等岗位。

3. 收入差距扩大

如果人形机器人大规模取代低技能岗位上的工人，可能会导致收入差距过大的现象加剧。因为一方面随着人们对高技能岗位需求的增加，高技能劳动力的薪酬水平可能会进一步提升；另一方面低技能岗位受到冲击，低技能劳动力的薪酬水平不断降低。

4. 经济增长

机器人的广泛应用有望大幅提升生产效率，降低企业运营成本，进而可能推动经济的整体增长。这种经济增长有望催生新的商业活动和就业机会。

尽管技术革新看起来似乎存在一定的挑战，但回望历史中的技术革新，不难发现，经济与社会均能有效地适应这些技术革新，并且人们可以在技术革新中发掘契机。在此过程中，政府、教育机构及企业均可发挥关键作用：政府可制定并落实相关政策，教育机构可提供具有针对性的教育和培训，而企业则可积极推动这些政策的实施，三者共同助力劳动力顺利应对技术革新。同时，工作共享、设立基本收入保障机制等方式，可以进一步缓解技术革新对社会带来的冲击。

二、"机器换人"进程加速

随着科技的快速发展，尤其是人工智能、机器人技术和自动化技术的进步，"机器换人"的现象在全球范围内越来越普遍。所谓"机器换人"，即用机器设备或自动化系统取代传统的人力劳动，以提高生产效率、降低成本并增强企业竞争力。近年来，这一进程呈现出明显的加速趋势，对各行各业产生了深远影响。

根据麦肯锡全球研究院此前发布的报告，全球范围内，高达 50% 的工作岗位可能在 2030 年前被机器人所替代，同时，在 60% 的工作岗位中，机器人能够承担其中 30% 的工作负担。根据保守预测，至 2030 年，全球将有 15% 的人（大约 4 亿人）的工作岗位会受到人工智能的冲击而产生变化；根据更大胆的预测，人工智能将影响全球高达 30% 的人口，即 8 亿人的工作岗位。

值得注意的是，机器人时代对不同国家的影响有所不同。以发展中国家中的印度为例，其劳动力可能被机器人取代的比例相对较低，仅为 9%。而中国则接近全球平均水平，预计有 16% 的劳动力可能被机器人取代。然而，在发达国家中，情况更为严峻。以美国和德国为例，预计将有高达 23% 和 24% 的劳动力被机器人取代。这一数据表明，发达国家的普通劳动者正面临着更大的被机器人取代的风险。

在中国，近年来不少地方出台政策鼓励先进机器人替换人，掀起"机器换人"的热潮。多个重要制造业省市，如上海市、北京市、天津市、浙江省、江苏省、广东省、四川省、吉林省、山东省、河南省、陕西省、福建省以及安徽省等，已相继实施了一系列产业发展政策，这些政策的核心目标在于加快工业互联网的应用以及鼓励"机器换人"。其中，浙江省在推进"机器换人"方面走在了前列，自 2013 年起，该省计划在未来 5 年内，每年落实 5000 个"机器换人"项目，并投入5000亿元用于"机器换人"的相关投资。截至2015年，该项目已减少了近200万普通劳动工人。2015年，昆山富士康、纬创等170多家大中企业实施了"机器换人"。而《马鞍山市工业企业"机器换人"专项行动计划（2023—2024年）》提出，在全市高端装备、汽车、铸造、轨道交通、数控机床、电子信息、智能家电、绿色食品等重复劳动特征明显、劳动强度大、有一定危险性的行业领域企业中，特别是劳动密集型企业中全面推动实施"机器换人"。此外，《四川省加力补齐农机装备短板 加快打造全程全面高质高效"天府良机"行动方案（2023—2025年）》提出，加快"样品机"和"首台套"下地入田试验示范，逐步实现"机器换人"。

不仅在政策层面，在生产实践层面，"机器换人"已实实在在发生在我们身边，无人工厂大量涌现。在江苏省昆山市的丰岛电子（苏州）有限公司成型加工生产车间内，工人身影难觅，取而代之的是几十台忙碌的机器人，它们的手臂不断挥舞着。仅仅不到10秒，一套高效的全自动化设备便能完成一盒50个通用串行总线（Universal Serial Bus，USB）外壳的生产任务。这个流程包括夹取半成品、镭雕图案、照相检测，以及最终的产品装配，全程无须人工介入，展示了高效的自动化生产能力。在西部重镇成都，领克汽车成都工厂因其卓越的高自动化生产工艺被誉为"无人工厂"。据相关介绍，该工厂配备了惊人的629台机器人和317台AGV，展现了其高自动化的特点。在整车生产流程中，940台自动化设备与385个工位实现了终端联网。

因人形机器人具备与人相似的外形和运动能力，"机器换人"成为更为引人注目的技术趋势，它指的是利用人形机器人来替代人类执行某些传统上由人类执行的工作和任务。从技术角度来看，人形机器人的研发和应用取得了显著的进步。这些机器人不仅具备与人相似的外观和运动能力，还在人工智能、传感器技术和运动控制等方面取得了重要突破。这使得人形机器人能够更加精确地模拟人类的行为，从而在某些工作领域中取代人类成为可能。

目前，人们对人形机器人的需求增加最重要的来源之一是替代人类完成高危险任务的需要，特别是在制造业（如新能源汽车组装和零部件排序）及特殊作业（如危险任务）方面，人形机器人替代人类完成高危险任务，不仅能降低与此相关的死亡率，还能减少对从事此类工作人员的需求，而市场愿意为此支付更高的价格。因此，经济需求是推动"机器换人"的重要因素之一。随着全球化和市场竞争的加剧，企业面临着提高生产效率、降低成本和提升产品质量的压力。

人形机器人具有高效、精准和不知疲倦的特点，能够在生产线上承担重复、繁重或危险的工作，从而帮助企业缓解这些压力。

根据国家统计局公布的数据，2021 年，全国城镇非私营单位就业人员的年平均工资达到了 10.68 万元。若按照特斯拉开发的 Optimus 人形机器人的价格区间 17 万至 30 万元来估算，投资一个 Optimus 机器人的成本回收期将介于 1.6 年至 2.8 年，具备非常可期的经济效应。

三、推动岗位演变

人形机器人的普及在替代部分岗位的同时，也催生了新的岗位。随着机器人技术的广泛应用，对机器人进行维护、编程、调试和管理等岗位的专业人才需求不断增加。这些新岗位通常要求更高的技术水平和更扎实的专业知识，从而推动了劳动力市场的技能升级。

回顾历史，新技术、新经济往往是一把双刃剑，其在瓦解传统就业的同时，不断创造新型就业形态。例如，互联网技术和数字经济的兴起，一方面让部分传统岗位消失，另一方面又开创了新的岗位。近年来，网约车司机、外卖骑手、带货主播等新型就业形态不断涌现，吸纳了大量就业人口，这就是新技术、新经济创造新型就业形态的最好的诠释之一。

根据美团发布的《2023 年美团骑手权益保障社会责任报告》，在就业方面，2023 年，在美团获得收入的骑手人数约 745 万，较 2022 年增长 19.4%，如图 7-2 所示。大量青年从传统制造业岗位进入外卖骑手等灵活就业领域。

在美团获得收入的骑手人数

2020年	470万
2021年	527万
2022年	624万
2023年	745万

图7-2　在美团获得收入的骑手人数

人形机器人作为一种前沿技术，其发展和应用不仅提升了生产效率和生活

便利性，同时也催生了新的就业岗位。在直接就业岗位方面，人形机器人研发与设计岗位的重要性日益凸显。随着人形机器人的兴起，机器人研发工程师、机械设计师、电子工程师等专业人才的需求快速增加。企业需要这些专业人才通过不断创新，提升人形机器人的性能和功能。而在人形机器人生产与制造方面，其量产需要大批的技术工人来参与组装、测试和质量控制等环节，从而创造了大量的生产与制造岗位。另外，人形机器人在推动电池、电机、电控等核心部件的设计与制造的迅速发展的同时，也带动了相关零部件产业的就业。

在创造直接就业岗位的同时，人形机器人还提供了大量间接就业岗位，具体如下。技术支持与维护：人形机器人在使用过程中需要定期进行维护、软件更新和故障排除，因此催生了技术支持工程师、维修技师等岗位。销售与市场推广：随着人形机器人的销售与市场推广的发展，企业需要大量的销售人员、市场营销专员来销售与推广人形机器人，扩大市场份额。

在服务与应用领域，人形机器人的发展和应用会催生出人形机器人操作员等就业岗位。医疗、餐饮、酒店等服务行业，也需要有人操作人形机器人提供如导诊、送餐、清洁等服务。此外，在跨领域融合岗位方面，人形机器人在各个行业的应用拓展，还将催生更多跨领域融合岗位，如医疗行业的医疗辅助机器人操作员、娱乐行业的机器人表演指导员等。

四、聚焦创造性与思维性工作

事实上，人形机器人还会让整个社会聚焦创造性与思维性工作，带来诸多积极变化。

1. 促进劳动力结构不断优化

在人形机器人的助力下，劳动力市场的变革不仅表现在传统就业形态的消解和新型就业形态的催生方面，还表现在劳动力结构的深刻改变。可以预见，低技能工作逐渐被压缩，而高技能工作的需求量大增，对劳动力素质的要求不断提升，市场上的劳动力素质结构也在不断优化。

2. 不断释放人类创造力

随着人形机器人逐渐从事更多具有重复性、危险性的工作，人类得以从繁重的体力劳动中解脱出来，将更多的时间和精力聚焦于需要深层次思维和创造力的领域。这不仅使人类能够充分发挥其独特的创造力，还预示着人类的发展方向将更加注重智慧和创新，而非仅仅停留在劳动力层面。劳动力市场结构的深刻改变，标志着人类在进步的道路上又迈出了新的一步。

3. 引领人类向智慧化方向发展

人形机器人的应用不仅改变了劳动力市场结构，也预示着人类的发展方向将更加注重智慧和创新。在未来的工作环境中，人类将更多地扮演思考者、创新者和决策者的角色，而人形机器人则成为人类的得力助手，与人类共同推动社会的进步。

4. 推动教育和培训体系革新

劳动力市场结构的调整和优化也推动了教育和培训体系革新。为了有效应对人形机器人对就业市场带来的变革，我们的教育和培训体系也需要进行相应的调整，未来教育和培训体系将更加注重培养和提升劳动者的技能、创新意识和解决问题的能力。

首先，技能是核心。随着科技的飞速发展，尤其是人形机器人的广泛应用，企业对于劳动力的技能要求日益提高。这里的技能不仅包括计算机操作等基础技能，还包括与机器人交互、编程、数据分析等高级技能。因此，教育和培训体系需要加强对这些技能的培养，从课程设置、教学方法到实践机会，都应体现出对技能的重视。

其次，创新意识不可或缺。在快速变化的市场环境中，创新意识成为个人和组织保持竞争力的关键。教育和培训体系应鼓励学生敢于尝试、勇于创新，通过项目式学习、跨学科融合等方式，激发他们的创新意识和创造力。

最后，解决问题的能力至关重要。面对复杂多变的工作场景，劳动者需要具备分析问题、提出解决方案的能力。教育和培训体系可以通过案例分析、模拟实战等方式，提升学生解决问题的能力。

五、促进劳动方式多样化

人类的就业形态和劳动方式并非一成不变，它们会随着社会的进步和科技的发展而不断演变。近年来，以互联网技术和共享经济为代表的新技术、新经济对传统的就业形态和劳动方式产生了颠覆性的影响。这些新兴力量不仅极大地拓宽了就业渠道，为更多人提供了灵活多样的工作机会，还深刻改变了我们的劳动方式。如今，远程办公、自由职业等新型就业形态层出不穷，劳动者的工作时间和地点也变得更加灵活。这些变化不仅为个体提供了更多的职业选择和更大的发展空间，同时也为整个社会经济注入了新的活力和创新力。

在人工智能时代，基于智能化、数据化的生产环境，就业形态多样化发展。随着数字经济、平台经济、共享经济等新经济的蓬勃发展，我们的劳动方式也正在经历深刻变革。人机交互与人机协同的新型关系日益凸显，这预示着人类独立作业的空间将逐渐缩减，而人机协作的领域将持续拓展。在这个人工智能时代，人机协作与智能共享有望成为主流的劳动方式。此外，层出不穷的在线协作平台进一步打破了地域、行业和职能之间的界限，推动跨领域合作的常态化和深化。

同时，智能办公环境的兴起使得工作与生活之间的界限日趋模糊，人们的劳动方式正朝着更高效、更自由、更舒适、更个性化的方向发展。如今，劳动者有权选择一个舒适宜人的工作环境，并在精神状态最佳时投入工作。办公不再受地域限制，时间安排更加灵活，工作效率显著提升，劳动者的幸福感也因此得到了极大的增强。

人形机器人是人工智能技术的重要应用载体，是具身智能的实体化体现。人形机器人对就业形态和劳动方式的影响是深远且多方面的。首先，人形机器人促进劳动方式的变化，使人机协作成为常态。人形机器人将逐渐成为劳动者的合作伙伴，与劳动者共同完成任务。这种人机协作的劳动方式将提高工作效率，同时也要求劳动者具备与机器人有效沟通和协作的能力。其次，人形机器人促进远程和智能化办公的推广。人形机器人的应用，可以实现远程和智能化办公。这将使得劳动者的工作地点和时间更加灵活，有助于提高工作效率和劳动者满意度。最后，人形机器人推动终身学习理念的普及。由于以人形机器人为代表的技术更新换代的速度加快，劳动者需要不断更新自己的知识和技能。这推动了终身学习理念的普及，促使劳动者在工作中不断学习和进步，以适应新的就业市场。

总之，在技术革新的浪潮中，人形机器人以其独特的优势和巨大的潜力，正深刻改变着我们的劳动力市场。它们不仅推动了劳动方式的多样化，促进了岗位的演变，还在一定程度上引发了结构性失业的问题。然而，这些变革并非全部都是负面的，它们还会带来更大的经济效应和职业转型的机遇。更重要的是，随着技术更新换代的速度日益加快，我们愈加认识到终身学习的重要性。只有不断更新知识和技能，我们才能在这个充满变革的新时代中立足，迎接未来劳动力市场的挑战与机遇。

第八章

人形机器人带来的挑战

　　随着科技的迅猛发展，人形机器人逐渐融入了我们的日常生活与工作的各个领域。它们不仅在工业与建筑、家庭服务、医疗护理等方面发挥着越来越重要的作用，同时对相关产业和就业产生了深远的影响，引发了社会各界的广泛关注。然而，在技术革新的背后，人形机器人带来的挑战也日益凸显。我们必须正视并大胆应对深层次的伦理挑战以及日益紧迫的法律与监管挑战，以确保技术的持续健康发展与社会的和谐稳定。

第一节 永不落幕的伦理之争

在人类历史上，科技的每一次飞跃都伴随着深刻的伦理思考。作为科技与人文精神的融合体，人形机器人的出现不仅改变了我们的生活方式，更对传统的伦理观念提出了前所未有的挑战。可以预见，在很长一个时期内，人形机器人将成为伦理之争的焦点。智能化水平越来越高和自主行动能力越来越强的机器人，在模拟人类行为、融入人类生产生活的同时，也引发了人们关于安全与隐私、权益与责任以及生命本质等深层次问题的探讨与思考。

一、安全与隐私将面临严峻考验

随着科技的飞速发展，我们的生产生活变得前所未有的便捷与高效，然而，随之而来的安全与隐私问题却成为人类不得不面对的重大挑战。在数字化、网络化的时代背景下，个人信息泄露、网络攻击和数据滥用等问题愈加突出，这不仅对人类的财产安全构成威胁，更可能侵犯个人隐私和自由。因此，如何在科技发展的同时，确保人类的财产安全，以及个人隐私和自由不受侵犯，成为摆在我们面前的一个紧迫问题。

人形机器人作为具身智能的实体化体现，在数据采集、传输及存储环节存在着诸多安全风险。数据泄露、黑客侵袭等潜在威胁，要求我们必须构建坚实的安全防护体系，确保信息的保密性与完整性。同时，我们还应持续优化人形机器人的安全防护措施，以预防因操作失误或控制失效而引发的安全与隐私问题，从而为用户提供更加安全、可靠的服务。从目前来看，以下方面必须引起高度重视。

1. 系统安全

系统安全不仅是人形机器人领域的一个核心关注点，更是整个机器人技术发展中不容忽视的要素。人形机器人作为一种高度集成和智能化的技术产品，其内部众多复杂的软硬件系统协同工作。这些系统包括但不限于传感器阵列、运动控制系统、人工智能算法模块等，它们共同支撑着机器人的各项功能实现。然而，正是这种高技术集成性，使得系统中可能潜藏着难以被轻易发现的漏洞。

黑客等不法分子往往会针对这些潜在的漏洞进行攻击，一旦他们成功非法入侵机器人的系统，即可达到操控机器人或窃取机密数据的目的。这种安全威胁不仅可能导致个人或企业数据的泄露，更可能对整个机器人系统的稳定性和可靠性造成严重影响。

因此，对于人形机器人行业而言，确保系统安全显得尤为关键。为了防范此类安全威胁，开发者在机器人的设计和制造过程中必须高度重视安全性，广泛应用加密技术、防火墙、入侵检测系统等一系列先进的安全防护措施。这些措施不仅可以提高系统的抗攻击能力，还能在机器人系统遭受非法入侵时及时发现并做出响应，从而最大限度地减少系统受到的损害。

2. 物理安全

随着机器人应用的普及，人们开始担心机器人等智能产品具有危害性，会对人类造成人身伤害。其实，这种担心并非空穴来风。据报道，2022 年 7 月，俄罗斯的一名 7 岁男孩在莫斯科参加一场国际象棋比赛时，由于机器人对手认为男孩违反了规则，于是夹住他的手使其指骨骨折。

在执行任务过程中，人形机器人会与人类和环境进行频繁的交互，这就要求我们必须确保交互过程对人类和环境绝对安全。为实现这一目标，开发者需精心设计具备多重安全机制的机器人，如设置紧急制动按钮、装配碰撞预警及检测系统等。此外，对使用者和维护人员进行全面培训也至关重要，只有这样他们才能在机器人发生故障或行为异常时迅速而准确地采取措施，从而有效预防任何可能的意外伤害。

3. 隐私保护

隐私保护在当今社会愈加重要，特别是在人形机器人的应用中。数据泄露风险是人形机器人在执行任务时必须正视的问题，这类机器人在执行任务时，往往会涉及对面部特征、语音命令等大量个人信息的采集、存储及处理。这些信息极具敏感性，一旦外泄，将对个人隐私构成重大威胁。

在执行任务期间，人形机器人可能需要与云服务器、其他机器人或各类设备进行数据交互。这些交互环节存在被黑客攻击或数据外泄的隐患。因此，为保护个人隐私不受侵犯，开发者有责任采取严密的数据安全措施，包括但不限于加密通信、虚拟专用网络等先进技术方法和访问控制机制。同时，建立合规的数据采集、存储及处理流程也至关重要，这是确保个人隐私得到充分保护的关键环节。

二、人形机器人的权益与责任问题

在面对安全与隐私问题的同时，我们也必须思考和处理机器人的权益与责任问题。随着机器人技术的智能化，人形机器人已经能够执行越来越复杂的任务，甚至在某些方面展现出与人类相似的智能。这就引发了一个现实问题：我们是否应该赋予这些机器人一定的"权益"？比如尊严、自主权等。如果赋予，那么这些权益应包括哪些内容？如果赋予人形机器人与人类似的权益，会不会威胁到人的"中心"地位。有学者提出，人形机器人的不当使用可能会对人的"中心"地位造成威胁，带来人的异化风险。这将使人形机器人与人类之间的道德关系变得越来越复杂。因此，我们需要思考如何在这种新型关系中找到平衡点。

首先，我们需要考虑人形机器人的本质属性。虽然它们在某些方面表现出了高智能化和自主性，但它们仍然是基于预设程序和算法运作的机器。这意味着，它们的"智能化"和"自主性"是有限且基于人类设计的。因此，在讨论是否应赋予它们权益时，我们必须明确这一点。

其次，人形机器人在与人类交互的过程中，会逐渐成为人类生活的一部分。它们在许多场景，如家庭服务、医疗护理、教育等中扮演着重要角色。在这种情况下，如果我们将人形机器人仅仅视为工具或设备，可能会引发一系列伦理问题。例如，如果我们不尊重机器人的"尊严"，随意对待它们，那么可能会对人类自身的道德观念产生负面影响。为此，有学者提出，"对机器人的道德关怀也是儒家仁爱思想的应有之义""有道德地对待人形机器人更有助于构建关怀式的人机关系"。

此外，赋予人形机器人一定的自主权也是一个值得探讨的方向。随着技术的进步，人形机器人将能够在更多场景下做出自主决策。如果我们不赋予它们一定的自主权，那么在某些紧急情况下，它们可能无法及时做出反应，从而导致不良后果。当然，这需要在确保安全的前提下进行。

对此，有学者提出要"不断演进和完善法律法规和伦理规范"。一方面，为了与技术治理的理念和规则保持同步并形成协同，我们需要在立法过程中融入这些理念和规则，不断构建和完善相关法律法规。这样，技术工程领域与社会规范领域就能在这些理念和规则上达成共识，实现互通。另一方面，在规范治理人形机器人时，我们应站在行业治理和社会治理的高度，充分利用伦理规范作为重要的治理手段。我们必须重视并建立和完善生成式人工智能领域科技伦理规范，以此弥补法律治理手段的不足，从而更有效地规范人形机器人的发展与应用。

人形机器人的责任归属无疑是当前技术发展中的一个重要议题。它不仅关乎技术发展的可持续性，更与每个人的切身利益息息相关，值得社会各界深入探讨。随着人形机器人在各个领域的广泛应用，其在执行任务过程中可能引发的财产损失或人身伤害等风险也日益凸显。当这些不幸事件发生时，究竟应由何方承担责任，成为一个亟待明确的问题。

具体而言，如果一台人形机器人在执行任务时发生了故障或误操作，因此引发了周边财产损失或人身伤害，那么，这个责任应该归咎于谁呢？是机器人的制造商，因为他们设计了机器人并制定了其操作规则？还是用户，因为他们直接操作了机器人或负责对机器人进行妥善维护？又或者是机器人本身，尽管它并非法律意义上的主体？

这一问题涉及多个角度，包括产品设计的安全性、用户的操作规范性，以及相关法律法规的完善性等。制造商需要确保其生产的机器人符合所有安全标准，并在产品说明中明确告知使用者所有潜在的风险。使用者则需要严格按照操作规则来使用机器人，并定期进行必要的维护和检查。同时，相关部门也应建立完善的法律体系，以明确在机器人引发不幸事件时的责任划分和赔偿机制。我们需要从多个角度出发，共同探讨并制定出合理的解决方案，以确保技术的健康发展与社会的和谐稳定。

三、过度拟人化带来的恐惑谷效应

人形机器人在满足人类的情感需求，为人类提供陪伴与心理慰藉服务的同时，可能引发一系列难以预见的伦理问题。这些问题如同一面镜子，映射出人类智能科技高歌猛进的过程中的隐忧。作为与人类日常互动密切的机器人种类，人形机器人在与人们共同生活的过程中不可避免地会引起人们的情感变化。唯有能够为用户提供便捷、亲切、舒适体验的人形机器人，才有可能赢得用户的深情厚谊，被用户视为真挚的伙伴。然而，人形机器人的拟人化程度需要谨慎把握，因为过度拟人化可能会带来恐惑谷效应，导致用户的感知出现偏差，甚至可能使人们混淆虚拟与现实的情感界限。

"恐惑谷"一词比国内普遍使用的"恐怖谷"更强调人形机器人设计给人带

来的感知和体会，即人形机器人形象的莫名诡异而引发人们的害怕、抵触情绪，以及因为难以捉摸、无法确定人形机器人而导致的困惑感。在接触具有高度拟人特征的人形机器人时，部分人可能会出现认知上的偏差。这种偏差主要体现在以下两个方面。

第一，具有高度拟人化形象和动作的人形机器人很容易让认知能力稍弱的人产生感知和情感上的迁移。他们可能会将对真实人类的感知和情感投射到这些人形机器人上，进而导致感知上的错乱。人形机器人所带来的感知上的错乱也可能引发人们的焦虑、压抑和危机感。就像电影《银翼杀手》所展示的，当个体无法准确区分人类与人形机器人时，这种认知上的错乱会带来深层次的忧虑，甚至引发人的自我怀疑与深刻反思。

第二，人形机器人的外形使人难以对其归类，从而导致人的认知失调，由此使人对人形机器人感到"惑"。一方面，对于认知能力相对较弱的群体，如儿童和某些疾病患者，他们可能难以准确区分真实人类与高度拟人化的人形机器人；另一方面，人形机器人虽然外观类似人类，但本质上并非人类，特别是带来恐惑谷效应的机器人，它们的存在可能导致人们的认知出现失调，产生与现实不符的印象。这些人形机器人的外观与人们的预期判断相悖，从而引发人们的迷惑感，使人们难以判断其究竟是人类还是机器。这种认知上的失调进而导致人们感到困惑，而在这种困惑状态下做出的决策常常容易出现偏差。

这种对人形机器人的认知偏差，其实深受人类中心主义的影响。当人们面对人形机器人时，会陷入一种归类上的困境，不确定是否应将其视为同类。在接触新事物的过程中，我们的大脑会首先依赖已有的信息和资源来进行识别和判断。如果新事物呈现的信息和资源与已有的信息和资源相符，大脑就能以较低的能源消耗进行处理。然而，当面对与真人极为相似的人形机器人时，由于它们呈现出的是一种陌生或模糊的信息和资源，大脑需要调动更多的区域来进行识别和调整认知上的矛盾，以寻求一个确切的结论。这一过程无疑提高了大脑的能源消耗。

满足人类的情感需求的人形机器人有其适用范围，超出其适用范围的过度使用可能会让人混淆虚拟情感与现实情感，对人形机器人产生错误认识和不合理期望。深陷虚拟情感中的人，可能会对人形机器人形成一种单向性的强烈情感依赖。这种依赖不仅让他们在心理上难以割舍与人形机器人的联系，甚至在生理上也感觉离不开它们，从而面临被欺骗感情的风险。人形机器人的拟人化外观容易让人对其产生类似友谊的积极情感，并且人们往往倾向于将自身的特质投射到机器人身上，与它们建立看似深刻实则单向的情感纽带。这种情况可能导致人们对机器人产生错位的情感认知，或者过度信任它们。

以电影《机器管家》为例，女主人公从小受到机器人管家安德鲁的细心照料与呵护，因此与他建立了难以割舍的情感联系。随着时间的推移，女主人公对安德鲁产生了深深的爱恋之情，然而这种情感让她感到困惑和茫然。因为安德鲁作为一个人形机器人，并不具备真实的情感回应能力。这种精神上的爱恋无法跨越现实的鸿沟，最终导致女主人公的情感无法得到真正的回应，留下了深深的遗憾。

总之，应高度重视过度拟人化带来的恐惑谷效应，避免让人们在人形机器人"有趣的灵魂"和"好看的皮囊"中迷失。为解决人形机器人过度拟人化带来的恐惑谷效应及其相关问题，相关人员可以采取以下措施，促进机器人技术的健康发展以及机器人在社会应用中的和谐。

（1）合理控制拟人化程度。通过设定明确的拟人化设计标准，我们可以避免人形机器人外观和动作与人类外观和动作过于相似，以减少感知上的错乱和避免归类困难。同时，强调机器人的非人类特性，帮助人们更好地区分机器人和人类。

（2）增强机器人的透明度。为了增强机器人的透明度，我们需要在设计和交互过程中明确标注其机器人身份，并提供详尽且清晰的功能、限制和能力信息。这样不仅可以避免误导用户，还能帮助他们根据实际情况对机器人建立合理的期望，从而提升用户体验。

（3）教育用户理解机器人。通过在学校、博物馆等场所开展机器人教育活动，我们可以引导用户更深入地了解机器人的本质和局限性。这将有助于提高公众对机器人技术的认识水平，并培养用户更为理性、科学的态度。

（4）建立情感边界。在使用人形机器人时，建立情感边界是必不可少的。我们应该时刻提醒用户保持理性和现实的态度，明确机器人与人类之间的情感边界。这样可以有效避免用户过度依赖机器人或向机器人投射过多情感，从而保障用户的心理健康。

（5）优化用户与机器人的交互体验。为了优化用户与人形机器人的交互体验，我们需要不断改进机器人的交互设计，使用户与其的交互更加自然、流畅且易于理解。同时，提供多样化的交互方式也是优化交互体验的关键，这能够满足不同用户的需求和偏好，进一步提升用户满意度。

（6）推动跨学科研究。推动跨学科研究对于解决人形机器人带来的问题具有重要意义。通过鼓励心理学、社会学、计算机科学等多学科的合作研究，我们可以更深入地探讨人形机器人对人类情感和心理的影响。这将为优化机器人的设计和应用策略提供有力支持。

（7）建立反馈机制。建立有效的反馈机制同样重要。我们应该积极收集用户对人形机器人的使用体验和意见，以便及时调整机器人的设计和功能。这将有助于提升用户体验和满意度，从而推动机器人技术的持续发展。

（8）完善伦理规范、法律法规和加强监管。伦理规范、法律法规和加强监管是确保机器人技术健康发展的关键。我们必须制定和完善相关的伦理规范、法律法规，明确机器人的使用范围和限制。同时，加强监管也是必不可少的，这可以确保机器人技术的应用符合社会道德和法律要求。

第二节　法律与监管面临挑战

随着人形机器人技术的迅猛发展与日益普及，其在为人类社会带来便利与创新的同时，也必将触及法律与监管的边界。这一新兴领域不仅引发了技术层面的革新，更在法律地位、隐私保护、操控风险及知识产权等方面提出了前所未有的挑战。法律界、技术界等社会各界正面临紧迫挑战，需共同探索解决方案，以构建适应人形机器人发展的法律框架与监管体系，确保其健康、安全和可持续地发展。

一、人形机器人带来的法律风险

基于第一节介绍的伦理困境以及人形机器人的发展和普及，现有的法律框架和监管体系正面临着前所未有的挑战。

从目前的形势来看，相较传统机器人，人形机器人带来的法律风险主要体现在以下4点。

首先，人形机器人法律主体地位不明确。目前，对人形机器人法律地位的研究才刚刚起步，人形机器人在法律上的地位尚不明确。是否应将其定位为法律主体，赋予其一定的权利和义务，是法律界亟待探讨的问题，目前尚无定论。若将其定位为法律主体，可能引发一系列传统法理和立法目的的冲突。有学者明确提出，"基于人类中心主义的立场，我们应将人形机器人定位为法律关系中的对象，而不是冒冒失失地将其抬升为主体或受限制的主体"。还有学者主张，人形机器人享有法律主体资格在法律上尚有斟酌之处，因为陪伴型人形机器人并不具备人类理性，本身无法从工具本质的范畴中剥离，为其创设法律，使其享有法律主体资格也难以摆脱人工智能的规制困境。

其次，人形机器人可能对公民隐私权构成威胁和侵害。《中华人民共和国民法典》第一千零三十二条规定："自然人享有隐私权。任何组织或者个人不得以刺探、侵扰、泄露、公开等方式侵害他人的隐私权。隐私是自然人的私人生活安宁和不愿为他人知晓的私密空间、私密活动、私密信息。"人形机器人因其类似人类的外观，常被直接部署在人们的私密空间中。它们能够进行全方位、持续的个人私密活动记录，这时收集的信息比以往任何时候收集的信息都更加敏感。此外，这些信息，无论是通过机器人的传感设备还是嵌入代码收集，通常都会被存储在公共云或私有云中。一旦这些信息被泄露，将会带来难以预料的严重后果。

再次，人形机器人可能被用于在背后操控人类。作为人工智能产业的新兴浪潮，人形机器人的研发、推广和应用均涉及巨额的资本投入。在这个过程中，开发者和生产者的价值观与利益诉求很容易被植入人形机器人中，从而在某种程度上实现对人类的操控。由于人形机器人拥有与人类相似的外观，这种操控行为往往更为隐蔽，难以被人察觉，但会影响人们的价值判断，进而影响人们的行为模式，使其体现人形机器人开发者和生产者的价值观和利益诉求。

最后，人形机器人还存在知识产权侵权风险。人形机器人在学习和模仿人类行为的过程中，可能存在知识产权侵权风险。以著作权侵权风险为例，人形机器人在设计、制造和使用过程中，可能会涉及对他人具有著作权的作品的复制、改编或演绎，如未经著作权人许可，则可能构成著作权侵权。例如，如果机器人的外观设计或内置软件中的某些元素直接复制了具有著作权的艺术作品或设计图案，就可能触犯著作权相关法律。

二、人形机器人的法律与监管较为滞后

相对于人形机器人的种种法律风险，目前，人形机器人在法律与监管方面确实存在明显的滞后性。这种滞后性主要体现在法律法规制定、监管措施适应以

及责任认定和归责机制等方面。

1. 法律法规的制定滞后于技术发展

法律法规制定的滞后性在人形机器人领域显得尤为突出。传统的法律体系是基于人类行为和人类社会的规则构建的，而人形机器人的出现打破了这一传统体系。这导致在一些新兴领域和场景中，人形机器人的应用和行为可能缺乏明确的法律法规和指导。例如，人形机器人的隐私保护、数据安全等方面的法律法规尚不完善，甚至处于缺失状态，存在个人隐私被滥用或泄露的风险。

2. 监管措施未能及时适应新形势

人形机器人潜在的伦理困境和法律风险使对其的监管显得尤为重要，但人形机器人的跨场景应用和通用性特点使得监管难度加大。现有的监管措施可能还停留在对传统机器人的监管上，未能充分考虑到人形机器人的特殊性和复杂性。这可能导致监管空白或监管不力，进而引发一系列安全和伦理问题。

3. 责任认定和归责机制不明确

在人形机器人引发的事故中，如何认定责任和进行归责是一个亟待解决的问题。由于人形机器人的行为决策过程涉及复杂的算法和数据处理，因此很难简单地将责任归咎于某一方。目前，相关责任认定和归责机制尚未完善，导致在事故发生后难以迅速、公正地处理纠纷。

总之，法律与监管的滞后，可能使人形机器人在设计、编程和运行过程中存在的漏洞无法被及时发现和修补。这些漏洞若被恶意利用，如被黑客攻击，可能导致机器人行为失控，对人类构成安全威胁。法律与监管的滞后还可能影响到人形机器人的市场推广和应用。在缺乏明确法律法规的情况下，企业和消费者可能对人形机器人的安全性和可靠性产生疑虑，从而限制其市场接受度。

为了解决这些问题，需要加快完善相关法律法规，更新监管措施，并明确责任认定和归责机制，以确保人形机器人的健康、安全和可持续发展。同时，还需要加强国际合作与交流，共同应对人形机器人带来的挑战和机遇。

三、人形机器人技术发展的基本遵循

在 2024 年 7 月 6 日举办的 2024 世界人工智能大会法治论坛上，由上海市法学会牵头制定，国家地方共建人形机器人创新中心、上海市人工智能行业协会、上海市人工智能标准化技术委员会以及上海法院数字经济司法研究及实践（嘉定）基地，共同签署的《人形机器人治理导则》（以下简称《导则》）正式对外发布。《导则》成为业界首个以开放签署方式发布的人形机器人治理规则文件，体现了我国对人形机器人治理的高度重视。

《导则》明确提出人形机器人发展的基本遵循，包括"人形机器人的智能化设计、制造应当遵循人类价值观和伦理原则，不得危害人类的生命、尊严和自由""应当持续优化人形机器人所用人工智能算法模型的透明度和可解释性，促进其决策和行为可被理解和有效管控""人形机器人技术的发展应用应当注重社会责任和可持续性，推动人形机器人技术的包容性发展"。《导则》强调人形机器人在设计、制造和应用过程中应当遵循的基本原则，体现了对技术发展的深思熟虑和高度责任感。

人形机器人的智能化设计、制造必须与人类价值观和伦理原则相符合。这是至关重要的，因为随着技术的发展，人形机器人在各个领域的应用将越来越广泛，甚至可能涉及人类的生命和安全问题。因此，确保人形机器人不会危害人类的生命、尊严和自由，是技术发展不可逾越的底线。这一条款体现了对人类的尊重和保护，是技术伦理的核心要求。

持续优化人形机器人所用的人工智能算法模型的透明度和可解释性至关重要。随着人工智能技术的深入应用，算法模型的透明度和可解释性变得越来越重要。这不仅关系到技术的可信度，更关系到技术的可控性。只有当我们能够理解和解释人形机器人的决策和行为时，我们才能确保其按照我们的期望和需要运行，避免不可预见的风险。因此，持续优化算法模型的透明度和可解释性，是推动人形机器人技术健康发展的重要保障。

注重人形机器人技术发展应用的社会责任和可持续性是一条重要原则。技术的发展不能仅仅追求经济效益，更应当注重社会责任和可持续性。这意味着我们在推动人形机器人技术的发展时，需要考虑到其对社会的整体影响，包括但不限于环境、经济、文化等方面的影响。同时，技术的包容性发展也是至关重要的，这不仅可以确保技术的应用和普及惠及更多人，也有助于减少技术带来的不平等和歧视问题。

四、加强对人形机器人的安全治理能力

工信部于 2023 年 10 月印发的《人形机器人创新发展指导意见》（以下简称《指导意见》），明确提出加强安全治理能力，一是要提升人形机器人功能安全性

能，确保相关技术产品对人和环境友好；二是强化网络安全防护，提高信息获取、数据交互、数据安全等技术保障能力；三是强化整机、关键部组件、核心软件、算法等重点环节安全风险评估，促进安全能力提升；四是深化科技伦理风险研判，加快推进相关伦理标准规范研究制订，促进技术创新与科技伦理协调发展。

首先，提升人形机器人的功能安全性能是至关重要的。天津大学法学院教授薛杨就提出，分级分类推动制定统一的国家相关功能安全性能标准，提升人形机器人功能安全性能和可靠性。人形机器人在与人类交互的过程中，必须保证对人类和环境的友好性，这是其被社会广泛接受和应用的前提。提升功能安全性能，可以确保人形机器人在执行任务时不会对人类和环境造成伤害，从而增强其可靠性和用户信任度。

其次，强化网络安全防护也是必不可少的。随着人形机器人越来越多地融入人们的日常生活中，它们将不可避免地与互联网进行连接和数据交互。因此，提高人形机器人的网络安全防护能力，保护用户数据的安全性和隐私性，是防止黑客攻击和信息泄露的关键。

再次，强化整机、关键部组件、核心软件和算法等重点环节的安全风险评估，是对人形机器人进行全面安全保障的重要措施。通过对这些重点环节的深入评估，相关人员可以及时发现和消除潜在的安全隐患，从而提升人形机器人的整体安全性能。

最后，深化科技伦理风险研判和推进相关伦理标准规范研究制订也是非常重要的。随着人形机器人的智能化程度越来越高，它们将更多地参与人类的道德和伦理决策中。因此，深化科技伦理风险研判，研究制订相关伦理标准规范，对于确保人形机器人的健康发展和提高其社会接受度具有重要意义。

五、鼓励立法国际合作，推动全球治理

《导则》明确提出，建立健全适应人形机器人发展阶段的全球治理体系，倡导发展人形机器人治理的多双边机制，凝聚科技界、产业界和法律界等各方力量，共同维护人形机器人技术的发展应用始终符合全人类共同价值。

随着人形机器人的快速发展和应用，一个全面、有效的全球治理体系显得尤为重要，此外，国际合作可以确保技术的发展更加符合社会的期望和需求。全球治理是确保人形机器人技术健康发展的关键。随着人形机器人在各个领域

的应用越来越广泛，如何制定合理的规则和标准，防止技术滥用，保护人类利益，成为一个重要议题。全球治理需要从多个层面入手，包括制定国际法规、建立监管机构、加强信息安全保护等。

在全球治理体系中，加强法律合作尤为关键。人形机器人的发展跨越国界，其应用受到多个国家和地区的法律管辖。为了避免法律冲突和不确定性，国际社会应携手合作，共同制定适用于人形机器人的统一法律框架。这一框架应涵盖人形机器人的设计、制造、销售、使用、回收等全生命周期，明确各方责任，保护消费者权益，确保公共安全和社会稳定。推动人形机器人国际合作，意味着各国需要共同面对挑战、分享经验，实现协作发展。通过国际合作，各国可以共同研发新技术，提高人形机器人的性能和安全性。同时，国际合作还能促进技术转移和知识共享，帮助发展中国家提升其在人形机器人领域的技术水平，从而实现全球人形机器人技术的均衡发展。

达成伦理准则的国际共识也是极为重要的。人形机器人与人类社会的互动日益频繁，其伦理问题不容忽视。如何确保人形机器人在使用过程中尊重人权、保护隐私、避免偏见和歧视，是国际社会共同面临的挑战。国际合作可以促进各国在伦理准则上达成共识，为人形机器人的健康发展提供道德指引。这包括制定关于人形机器人行为规范的国际伦理准则，明确其决策过程应遵循的价值观，以及建立有效的监督机制来确保这些准则得到遵守。

加强数据安全与隐私保护合作非常重要。人形机器人的运行高度依赖数据，包括用户数据、环境数据等。数据安全与隐私保护是人形机器人立法国际合作的重要议题。各国应加强在数据跨境流动、数据存储、数据使用等方面的合作，共同制定严格的数据安全与隐私保护法规，防止数据泄露和滥用。同时，推动建立国际数据共享机制，可以促进人形机器人技术的全球协同发展，确保个人隐私和国家安全不受侵犯。

国际标准是引领行业发展的重要指南。参与国际标准制定意味着能够在全球范围内对人形机器人的发展方向和技术规范产生影响。中国作为一个负责任的大国，应鼓励并加强国际合作，积极参与并深入影响国际标准的制定，以推动构建获得广泛共识的国际人形机器人全球治理体系。为此，工信部的《指导意见》提出，大力推动我国标准"走出去"，积极参与国际标准制定。这意味着我国不仅要在人形机器人技术上取得突破，还要将我国制定的技术标准推向国际，增强我国在人形机器人领域的国际影响力。推动国内标准"走出去"，可以加强国际社会对我国人形机器人技术的认可，为我国人形机器人产业的国际化铺平道路。

　　综上所述，尽管人形机器人的发展确实伴随着潜在的安全风险和伦理挑战，但这些风险和挑战完全可以通过技术革新、法律规制、伦理指导以及严格监管等多重手段来有效降低和克服。历史上所有重大技术革新，在推动生产力巨大进步的同时，总是伴随着质疑、不安甚至恐慌，但只要提早应对，问题都会得以解决。因此，我们不应过分忧虑人形机器人对人类的安全威胁和伦理冲击，而应秉持开放、包容和审慎的态度，积极推动人形机器人的健康发展，相信随着时间的推移，人类完全有智慧应对这些威胁和冲击。

第四篇

人机共生：人形机器人产业未来展望

在科技的浩瀚星海中，人机共生正逐步从科幻走向现实，其中人形机器人作为这一变革的标志性产物，正引领着未来产业的深刻变革并带来无限可能。本篇旨在深入探讨人形机器人在技术、产业及社会层面的全方位发展趋势。通过对技术发展的多维度预测，本篇试图描绘出一幅人形机器人技术进步的宏伟蓝图，进而探讨人形机器人产业规模的广阔前景、商业模式的探索与创新，揭示这一产业即将迎来的颠覆性变革。相信在不久的将来，人类将正式进入一个人机共生的新世界。

第九章

技术发展预测

　　随着科技的飞速发展与人类对于智能化生活的无限追求，人形机器人产业正步入一个前所未有的黄金发展期。人形机器人在技术层面的未来发展中，智能化与认知能力的飞跃性提升、自主导航技术与空间感知能力的显著提升、情感与社交互动能力的日益增强，以及能源效率和自持续能力的关键性提升将成为人们关注的焦点。这些技术革新不仅将重新定义人形机器人的功能与边界，更为我们描绘了一幅人机共生的未来图景。

第一节 智能化和认知能力提升

智能化与认知能力提升正逐步改变着我们的生活和工作方式。其中，人形机器人的进步尤为引人注目，它们正朝着更为智能、更为人性化的方向迈进。本节将深入探讨人形机器人智能化和认知能力的发展趋势，以及这一趋势对未来社会的深远影响。通过分析生成式人工智能的助力作用以及世界知名企业英伟达的贡献，本节将展现一个充满仿人机器人的未来世界，并探讨这一世界带来的机遇。

一、一个充满仿人机器人的未来世界

未来，人形机器人的智能化和认知能力提升将是行业发展的重要方向。可以预见，在一个人形机器人随处可见的世界，它们不仅具备高自主性，还能与人类建立深厚的情感纽带，成为人类生活中不可或缺的伙伴。

在智能化方面，未来的人形机器人将拥有更为强大的自主学习和决策能力。借助先进的深度学习算法和大规模数据处理技术，机器人能够持续地从环境中学习，不断优化自身的行为策略。这意味着，机器人可以根据实际情况做出更为精准的判断和决策，以更好地适应各种复杂环境。

在认知能力方面，未来的人形机器人将展现出更为惊人的理解力和创造力。通过自然语言处理和语义分析技术的不断进步，机器人能够更深入地理解人类的语境和情感，从而实现更为自然和流畅的交流。此外，机器人还将具备强大的逻辑推理和问题解决能力，能够协助人类解决各种棘手问题。

随着人形机器人智能化和认知能力的提升，它们将在各个领域发挥巨大作用。在工业生产领域，人形机器人将大幅提高生产效率和产品质量，降低人力成本和安全风险。在医疗领域，机器人可以协助医护人员进行精确的手术操作，为患者提供更为个性化的治疗方案。在教育领域，机器人可以作为智能辅导老师，为学生提供定制化的学习计划和实时反馈。

二、生成式人工智能：人形机器人智能化的强大助推器

生成式人工智能将为人形机器人的智能化带来革命性的提升。生成式人工

智能，尤其是以生成式预训练转换器（Generative Pre-trained Transformer，GPT）为代表的大型语言模型，具有强大的自然语言处理和生成能力，这将为人形机器人提供更高级别的交互智能。

生成式人工智能是一种基于机器学习算法的人工智能技术，其核心是通过学习大量数据来生成全新的、原创性的内容。这种技术可以用于文字、图像、音频、视频等多种形式的内容生成。简单来说，生成式人工智能区别于一般人工智能的突出特征在于，其能够生成全新的、原创性的内容，它的出现能为各个领域，包括人形机器人技术带来创新和变革。

借助生成式人工智能，人形机器人将能够更自然地与人类进行交流。它们可以理解更复杂的语言结构，更准确地捕捉人类的意图和情感，并做出回应。这不仅将提升人形机器人的用户体验，还将使人形机器人能够在更广泛的场景，如客户服务、教育辅导、心理咨询等中发挥作用。

此外，生成式人工智能还能帮助人形机器人进行自主学习和持续进化。通过不断地与环境和人类互动，机器人可以积累更多的知识和经验，从而不断优化自身的行为和决策。这种自主学习和持续进化的能力，将使人形机器人更加智能、灵活且适应性更强。

总的来说，生成式人工智能将为人形机器人的智能化带来质的飞跃，使其更加融入人类生活，并在各个领域发挥重要作用。与此同时，我们也需要关注其带来的挑战和问题，以确保技术的可持续发展和社会的和谐稳定。

三、英伟达开放访问：人形机器人在智能化和认知能力上的新的里程碑

2024 年 7 月 29 日，英伟达在美国丹佛举行的第 51 届 SIGGRAPH 大会上宣布，为全球领先的机器人制造商、AI 模型开发者和软件制造商提供一整套服务、模型及软件平台，以开发、训练并构建下一代人形机器人。这标志着人形机器人在智能化和认知能力上迎来了新的里程碑。英伟达首席执行官黄仁勋表示，AI 的下一波浪潮是机器人，其中最令人兴奋的发展之一是人形机器人。他们正在推进整个英伟达机器人堆栈的发展，面向全球机器人开发者和公司开放访问，让他们能够使用最符合其需求的平台、加速库和 AI 模型。

英伟达是全球图形处理单元（Graphics Processing Unit，GPU）的领军企业，也是生成式人工智能的重要推动者。在全球 AI 浪潮中，英伟达凭借其强大的 GPU 技术和深厚的研发实力，为人工智能领域提供了关键的基础设施支持。高

盛称英伟达股票是"地球上最重要的股票"。作为全球技术创新的引领者,英伟达提供的整套服务、模型及软件平台,无疑为全球机器人技术的研发和应用注入了强大的动力,预示着人形机器人即将迈入一个更加智能、高效的新时代。

首先,英伟达提供的 NVIDIA NIM 微服务和框架,为人形机器人的仿真学习提供了强大的支持。这意味着机器人可以在虚拟环境中进行更为真实、复杂的模拟训练,从而提升对现实世界的感知和应对能力。这种仿真学习的方法,不仅提高了训练效率,还能帮助机器人更好地适应多变的环境和任务需求。

其次,英伟达提供的 NVIDIA OSMO 编排服务,使得多阶段机器人工作负载的运行更加顺畅。这一服务能够优化机器人的任务执行流程,确保其在不同工作阶段之间的高效切换,从而提高整体工作效率。这对于需要执行复杂、大量任务的人形机器人来说,无疑是一项重大成果。

最后,英伟达提供的支持 AI 和仿真的远程操作工作流,允许开发者使用少量人类演示数据来训练机器人。这一创新功能极大地降低和缩短了训练成本和时间,使得人形机器人能够更快速地学习和模仿人类的行为。这不仅加速了机器人的学习和模仿进程,还为其赋予了更多的"人性化"特质。

黄仁勋的观点也充分表明了英伟达对于人形机器人未来发展的坚定信念和期待。这一观点不仅体现了英伟达对技术发展趋势的敏锐洞察,也彰显了其在推动人形机器人技术进步方面的决心和投入。

综上所述,英伟达的这一举措对于人形机器人在智能化和认知能力上的提升具有重大意义。它不仅为机器人技术的研发和应用提供了强大的技术支持,还为未来人形机器人在各个领域发挥更大作用奠定了坚实基础。随着技术的不断进步和创新,我们有理由相信,人形机器人将在不久的将来成为人类社会不可或缺的重要一员。

第二节　自主导航技术与空间感知能力提升

自主导航技术与空间感知能力提升是人形机器人技术发展的重要方向之一。随着相关技术的不断突破,我们有理由相信,未来的人形机器人将在更多领域展现其强大能力，为人类生活带来更多可能性。

一、变身智能路径规划大师

未来，自主导航技术的显著提升将赋予人形机器人更为出色的智能路径规划能力。这意味着机器人将能够更加灵活地避开障碍物，确保移动过程的流畅性和安全性。不仅如此，随着技术的演进，这些机器人还将在多样化的环境中实现精准的自我定位，无论处于室内还是室外、复杂还是简单的空间布局，它们都能迅速适应并确定自身的位置。

为了实现这一高级功能，先进的视觉处理技术将发挥至关重要的作用。基于该技术，机器人将对利用高清摄像头捕捉到的图像数据，进行精细的图像分析和处理，识别出环境中的关键特征。深度学习技术则进一步增强了机器人的认知能力，使其能够从大量的图像数据中学习和提取有用的信息，从而更精确地感知和理解周围环境。

此外，引入的传感器融合技术，通过将多个传感器的数据进行有效整合，显著提高了机器人对环境感知的全面性和准确性。通过这种技术，机器人能够实时构建或更新所在环境的三维地图，这不仅为导航提供了有力的支持，还使得机器人在移动过程中能够实时调整路径，避开新出现的障碍物。

值得一提的是，通过机器学习算法和大数据技术，人形机器人还能不断优化其导航策略。在长时间的运行过程中，机器人会积累大量的导航数据。通过机器学习算法对这些数据进行分析和学习，机器人可以逐渐找到在特定场景下的最优导航路径。同时，大数据技术还能帮助机器人预测和应对各种可能的导航挑战，从而更好地适应不同的场景和需求。

总体而言，随着自主导航技术的不断提升，人形机器人将在未来的导航任务中展现出更高的智能和灵活性，为各种应用场景提供更为强大和高效的支持。

二、理解和迅速响应周围环境的变化

感知模块是人形机器人具身智能的基础，感知是软硬件结合的产物。空间感知能力的显著提升将使人形机器人能够更深入地理解和迅速响应周围环境的变化。为了实现这一目标，人类将为机器人配备一系列先进的传感器，包括激光雷达、深度相机以及超声波传感器等。这些高精度的设备将使机器人能够捕捉到更为丰富的环境细节，如物体的精确形状、与物体的准确距离以及物体的具体移动速度等。以视觉传感器为例，目前其主要有摄像头方案和雷达方案。摄像头方案：如 Pepper，配备 500 万像素摄像头、三维摄像头提供视觉，激光传感器配备声呐、陀螺仪、加速计提供导航。雷达方案：如 Altas，头部搭载的激光雷达与立体相机协同生成三维点云；再如 Digit，头部搭载激光雷达、立体摄像头提供视觉。

传感器采集到原始数据后，需要通过硬件电路对数据进行传输和处理，还需要通过软件算法对数据进行解析、融合，从而得到机器人可以理解和利用的信息。这种强大的数据分析能力为机器人提供了更为准确的决策基础，使其在面对复杂、多变的环境时能够做出迅速且正确的反应。无论是在狭窄的空间中穿梭，还是在人群密集的场所中进行操作，机器人都能够自如行动，有效避免潜在的碰撞风险。

可以预见，未来随着 AI 技术的突飞猛进及材料科学的巨大进步，人形机器人传感器的主要发展趋势可能表现在如下几个方面。

1. 智能化

随着物联网和大数据技术的发展，传感器将能够进行自我学习和适应环境变化。这意味着传感器不仅能够收集数据，还能通过机器学习算法大大提升对数据的分析和处理能力，从而提高机器人的感知能力和决策效率。

2. 集成化

随着传感器集成化技术的进步，为了适应更小尺寸的机器人设计需求，多种传感器功能将被集成到单一的设备中。这种集成化设计不仅可以减小和降低机器人的体积和重量，还能提高传感器的使用效率和可靠性。

3. 微型化

微型化传感器将能够更好地适应人形机器人的紧凑设计，同时保持甚至提高传感性能。这将有助于机器人在更狭小的空间内进行操作，并增强其隐蔽性和灵活性。

4. 材料创新

新型传感器材料的使用将进一步提高传感器的性能和耐用性。例如，柔性材料的使用可以增强传感器的适应性，使其能够在各种复杂环境下正常工作。

展望未来，随着科技的不断革新与进步，我们将看到人形机器人在自主导航技术与空间感知能力方面获得前所未有的突破，其能够更深入地理解周围环境，实时构建或更新所在环境的三维地图，并在复杂环境中实现精准导航和避障。这种技术和能力上的飞跃不仅将极大地推动机器人在各行各业中的广泛应用，例如在物流领域的自动化分拣与配送、在救援行动中的快速搜救以及在太空或深海探索中的自主作业等，还将为我们的日常生活带来前所未有的便利与创新体验。

第三节　情感与社交互动能力增强

随着人形机器人技术的不断进步，情感与社交互动能力增强成为产业发展的重要方向。人形机器人正逐渐从单纯的任务执行者转变为具有情感与社交互动能力的智能伙伴。

一、情感与社交互动能力：融入人类生活的关键

人形机器人的情感与社交互动能力增强具有重要意义，它不仅提升了机器人与人类之间的互动体验，还为机器人技术在多个领域的应用开辟了更广阔的前景，是未来人形机器人技术发展的重要方向。

情感与社交互动能力增强使得人形机器人能够更自然地与人类进行交流，从而建立更深厚的情感连接。这种连接不仅提升了用户体验，还使得机器人能够更好地理解人类需求，进而提供更精准、个性化的服务。

在医疗领域，具备情感与社交互动能力的人形机器人可以为患者提供心理支持和陪伴，减轻他们的孤独感和焦虑情绪。这对于康复者以及患有心理疾病的人群来说尤为重要。在教育领域，人形机器人的情感与社交互动能力可以激发学生的学习兴趣，提高他们的学习积极性和参与度。机器人可以作为学生的良师益友，为他们提供个性化的学习辅导和情感支持。

此外，在娱乐领域，具备情感与社交互动能力的人形机器人可以为观众或玩家提供更加真实、沉浸式的娱乐体验。它们可以参与影视制作、游戏互动等，为观众或玩家带来全新的艺术享受。

总的来说，人形机器人的情感与社交互动能力增强是推动其更广泛融入人类生活的关键。这一技术进步不仅提升了机器人与人类之间的互动体验，还为机器人在医疗、教育、娱乐等多个领域的应用提供了更多可能性。随着技术

的不断发展，我们有理由相信，人形机器人将在未来社会中扮演更加重要的角色。

二、变身"情感大师"：情感识别与表达能力大幅提升

未来人形机器人在情感识别和表达方面将展现出更加精准、自然和人性化的特点。这将极大地提升人机交互的体验，使机器人成为人类生活中不可或缺的伙伴和助手。

未来人形机器人将具有更精准的情感识别与理解能力。随着技术的不断进步，人形机器人将能够更准确地捕捉和分析人类的情感。计算机视觉技术的提升将使得机器人能够更精细地识别面部表情和肢体动作的微妙变化，从而更准确地判断人的情感状态。例如，未来的机器人可能通过识别眼神的细微变化，就能判断出人当前是开心、困惑还是疲惫。语音识别技术的进化将让机器人能够从语音中更精确地提取情感信息。机器人将能够分辨出说话者声音的颤抖、音调的变化等，并以此来判断其情感状态。比如，当人声音颤抖或说话哽咽时，机器人能够判断出人当前处于悲伤或焦虑的情感状态。

未来人形机器人将实现多模态情感分析的融合应用。未来人形机器人将不会依赖单一的信息源来识别情感，而是会将语音、面部表情、肢体动作等多种信息融合在一起进行综合分析。这种多模态情感分析的方法将大大提高情感识别的准确性和可靠性。例如，在家庭环境中，如果家庭成员在说出"我很高兴"的同时露出了灿烂的笑容并挥舞着手臂，机器人就能通过综合分析这些信息来确认该成员确实处于高兴状态。

未来人形机器人将能够进行更自然、更人性化的情感表达。未来人形机器人将不仅仅停留在识别和理解人类情感的层面，它们还将学会以更自然、更人性化的方式来表达情感。通过调整语音、面部表情以及肢体动作，机器人将能够更贴切地回应人类的情感需求。在未来的医疗场景中，一个护理机器人不仅能够准确识别病人的疼痛程度，还能通过温柔的声音、关切的表情和适当的抚摸来安慰病人，提供情感上的支持。

三、未来交际能手：社交互动能力持续增强

社交互动能力是人形机器人情感的重要体现，而且这一能力正随着技术的不断演进而持续增强。未来人形机器人将展现出更加卓越的社交技巧，能够在

更多场景下与人类进行自然而流畅的交流。可以预见，未来人形机器人在如下几个方面或有惊艳表现。

1. 主动交互与话题发起

未来人形机器人将不仅仅被动地回应人类的问题或指令，还将更主动地与人类进行交互，甚至主动发起话题。例如，在家庭环境中，机器人可能会根据家庭成员的兴趣和喜好，主动提起最近的热门电影、体育赛事或者新闻事件，从而引发有趣的对话。

2. 维持对话连贯性

随着自然语言处理技术的不断进步，人形机器人将能够更好地理解人类的语言和语境，进而维持对话连贯性。这意味着机器人在对话中能够更好地实现话题的转换和深入，避免出现尴尬的沉默或者离题的情况。例如，在与用户讨论某个历史事件时，机器人不仅能够提供详细的历史背景，还能根据用户的反馈和兴趣点进行适时的引导和深入。

3. 适时反馈与回应

未来人形机器人将更加注重在对话中给予适时的反馈和回应。它们将能够更准确地捕捉人类的情感和意图，并据此做出恰当的反馈和回应。例如，当用户分享自己的喜悦或者困扰时，机器人能够对此产生共鸣并表示理解，同时提供相应的支持或者建议。这种互动方式将大大增强人类对机器人的信任感。

四、人形机器人情感智能的应用拓展

随着情感与社交互动能力增强，未来人形机器人在各个领域的应用也会不断拓展。

1. 医疗护理领域

不妨设想这样的场景，在一家先进的心理康复中心，人形机器人"小艾"被引入治疗流程中。它能够通过语音和面部表情识别技术，分析患者的情绪变化。当发现患者情绪低落时，"小艾"会主动靠近，播放患者喜欢的音乐，并与其进行轻松的对话，以分散其注意力并缓解其低落情绪。人形机器人不仅可以作为辅助治疗工具，为患者提供基础的护理服务，还能通过其高度发达的情感智能，为患者提供定制化的心理治疗。例如，对于抑郁症或焦虑症的患者，"小艾"可以通过识别患者的情绪状态，播放舒缓的音乐、讲述轻松的故事，或者进行简单的对话来转移患者的注意力，帮助他们调节情绪。

2. 教育培训领域

不妨设想这样的场景，在一所创新学校中，人形机器人"小智"被用作辅助教学的工具。如果"小智"检测到某个学生在解决数学问题时感到沮丧，它会主动询问学生的感受，并通过互动游戏的方式重新解释数学概念，让学生在轻松、愉快的氛围中掌握知识。

在教育培训领域，人形机器人可以作为个性化的学习伴侣，根据学生的情绪状态和学习进度调整教学策略。例如，当机器人检测到学生在学习过程中感到沮丧或困惑时，它可以变换教学方式，用更生动、有趣的案例来解释复杂的概念，或者提供及时的反馈和鼓励，以增强学生的学习信心。

3. 娱乐领域

不妨设想这样的场景，在一部科幻电影的拍摄现场，人形机器人"小影"被用作主演之一。通过精确的编程和高度发达的情感智能，"小影"能够表现出复杂的情感变化，与真人演员进行对手戏演绎，为观众带来前所未有的观影体验。而在一款受欢迎的角色扮演游戏中，人形机器人"小游"作为非玩家角色（None-Player Character，NPC），能够与玩家进行深入的对话和互动，根据玩家的选择和表现调整游戏剧情，大大提升了游戏的沉浸感和趣味性。

综上所述，人形机器人在情感智能方面的应用不仅极大地丰富了我们的生活，在医疗护理、教育培训和娱乐领域展现出巨大潜力，还将在未来进一步渗透到更多领域，如家庭陪伴、客户服务等，为人类社会的发展带来前所未有的便利与温暖。随着技术的不断进步，人形机器人将成为人类生活中不可或缺的智能伙伴，与人类共同编织一个更加和谐、智能的未来社会。

第四节　能源效率和自持续能力提升

毋庸置疑，人形机器人在未来社会中将扮演愈加重要的角色，而其能源效率和自持续能力成为亟待突破的关键技术瓶颈。本节将深入探讨如何通过电池技术的革新、能源管理系统的智能化以及自我诊断和修复能力的显著提升，来提升人形机器人的能源效率与自持续能力，推动人形机器人在更多领域实现广泛应用，为人机共生的未来奠定坚实基础。

一、突破关键技术瓶颈：能源效率和自持续能力

工信部印发的《人形机器人创新发展指导意见》明确提出，"研发高集成、长续航的人形机器人动力单元与能源管理技术"。这意味着，随着科技的进步和社会对机器人技术需求的增长，提升人形机器人的能源效率和自持续能力将成为技术发展的重要方向。

能源效率的提升对于人形机器人来说至关重要，因为高能源效率不仅可以延长机器人的工作时间，还能降低充电或更换电池的频率，从而提高整体的工作效率。人形机器人在执行任务时，如果能够以更高的能源效率完成同样的工作，将极大地提升其竞争力，尤其是在需要长时间连续作业的场景（如深海探测、太空探索或远程监控等）中。

自持续能力则是指人形机器人在没有外部干预的情况下，能够持续、稳定地执行任务的能力。这包括机器人在能源管理、自我故障诊断与修复，以及与外部环境进行能量交换等多个方面的能力。一个具备高自持续能力的人形机器人，不仅能够在复杂、多变的环境中独立工作，还能在遇到突发情况时自主应对，减少对人类操作员的依赖，从而提高整体系统的可靠性和鲁棒性。

因此，人形机器人的能源效率和自持续能力提升，不仅是技术进步的重要体现，也是未来机器人技术发展的关键所在。这两个方面的提升将极大地推动人形机器人在各个领域的广泛应用，为人类带来更为便捷、高效和智能的生活与工作方式。

二、电池技术的革新

目前，电池技术的局限性制约了机器人的持续工作时间。首先，电池的储能密度是一个重要的制约因素。储能密度指的是单位体积或质量的电池所能存储的能量。目前，商业化的电池，如锂离子电池，虽然已经有了显著的技术进步，但其储能密度仍然有限。这意味着，人形机器人在携带一定体积和质量的电池时，所能存储的总能量是有限的。一旦电池耗尽，机器人就需要充电或更换电池，这打断了其持续工作的过程。其次，电池的充电速度也是一个制约因素。尽管快充技术有所发展，但充电过程仍然需要时间。对于需要长时间持续工作的机器人来说，频繁地充电会显著缩短其有效工作时间。最后，电池的寿命和稳定性也是需要考虑的因素。随着充放电次数的增加，电池的性能会逐渐下

降，这也会影响机器人的持续工作时间。同时，电池在工作过程中可能会产生热量，需要有效的散热系统来保持其稳定运行，这进一步提高了机器人的复杂性和能源消耗。

针对目前电池技术的局限性，未来人形机器人电池技术的革新将围绕提高储能密度、加快充电速度、延长电池寿命、增强稳定性等多个方面进行。这项技术的革新将为人形机器人提供更强大、更持久的动力支持，推动人机共生时代的到来。

1. 新型电池材料和设计

为了提高电池的储能密度，研究者正在不断探索新型电池材料，如硅基负极材料、固态电解质等，这些新型电池材料有潜力提供更高的储能密度和更快的充电速度。同时，改进电池的结构设计，如采用多层结构、纳米结构等，也能有效提高电池的储能密度。

2. 快速充电技术

研发更高效的充电技术，以缩短充电时间，是延长人形机器人的持续工作时间的关键。例如，优化充电算法、提高充电设备的功率因数、利用无线充电技术等手段，都可以实现更快速的充电。

3. 自修复和自管理电池

未来的电池可能会具备自修复和自管理的能力。例如，通过集成传感器和微处理器，电池可以实时监测其工作状态，及时发现并修复潜在的故障。同时，电池管理系统也将更加智能，能够根据机器人的工作需求和当前电池状态动态调整充放电策略，以延长电池的使用寿命。

4. 能源回收与再利用技术

研究者正在开发高效的能源回收与再利用系统，将机器人在执行任务过程中产生的机械能、热能等转化为电能并储存起来，以供后续使用。这种技术可以有效延长机器人的持续工作时间，并提高其能源效率。

5. 模块化与热管理技术

模块化设计可以使得电池更易于更换和扩展，同时便于进行热管理。先进的热管理系统能够有效地消散电池工作时产生的热量，保证电池在最佳温度下运行，从而提高其性能和稳定性。

三、能源管理系统的智能化

如果认为电池技术的革新属于硬件技术的提升，那么能源管理系统的智能化则属于软件系统的改良。高能源效率对于提高人形机器人的工作效率、增强其对各种环境的适应性，从而推动人形机器人的商业化进程具有重要的意义。智能化能源管理系统能够显著提高人形机器人的能源效率。通过实时监测机器人的能源状态和任务需求，系统能够动态调整能耗，确保能源在最优状态下被使用。这种精准管理不仅减少了能源浪费，还延长了机器人的持续工作时间，从而提升了整体工作效率。此外，智能化能源管理系统有助于提升人形机器人的自主性和适应性。在复杂、多变的工作环境中，机器人需要快速响应并调整能源策略以保证任务的顺利完成。智能化能源管理系统使机器人能够根据实际情况做出决策，更好地适应各种工作环境和任务需求。

未来，人形机器人的能源管理系统的智能化有望大幅度提升。这意味着，人形机器人将配备更为智能的能源管理系统，能够更加高效、精准地管理自身的能源消耗。而实现数据共享和互通是人形机器人智能化发展的重要体现。人形机器人的能源管理系统，通过与导航、感知、运动控制等其他相关系统深度融合，能够实现全方位、多维度的能源数据共享和互通。这种数据交互的优化，使得机器人能够更精确地掌握自身的能源状况，以及预测和规划能源消耗。通过这种方式，人形机器人可以在保证性能的同时，进一步避免不必要的能源消耗，从而提升整体运行效率，增强可持续性。这不仅有助于延长机器人的工作寿命，还使其成为人类的更加节能、环保的智能伙伴。

例如，在执行低强度任务或处于低负载状态时，机器人会自动降低能源消耗，避免不必要的能源消耗；而在执行高强度任务或处于高负载状态时，机器人则会优化能源分配，确保关键部件和系统得到充足的能源供应，从而维持高效、稳定的工作状态。

此外，随着物联网技术的发展，人形机器人将能够更智能地管理其能源消耗。例如，它们可以预测并规划能源消耗，根据实际需要与充电站进行通信以安排充电时间，甚至能够在电量低时自主寻找充电站进行充电。

人形机器人还将学会从周围环境中获取能源，进一步增强其自持续能力。例如，通过集成太阳能板，机器人可以在日光下自行充电，这不仅延长了其持续工作时间，还使其能够在偏远地区长时间独立工作。同时，利用动能回收系统，人形机器人在运动过程中能够将部分机械能、热能转化为电能储存起来，这种能量的回收利用大大提高了能源效率，也使得人形机器人在执行移动任务时能够更长时间地保持活力。智能化能源管理系统和环境能源获取方法的结合，将显著提升人形机器人在各种应用场景中的适应性和持久性。

四、自我诊断和修复能力的显著提升

人形机器人的自持续能力提升并不仅仅局限于能源层面，其自我诊断和修复能力提升同样至关重要。人形机器人的自我诊断和修复能力是机器人技术研究的一个重要方向，也是未来人形机器人发展的重要关注点，它关系到人形机器人的耐用性、可靠性及使用成本的可控性。

可以预见，未来的人形机器人可能配备高度智能化的自我诊断系统。这样的系统能够实时监控机器人的各个部件和模块，通过收集并分析各种传感器数据，检测并报告潜在的故障或异常情况。更为先进的是，这些机器人或许还能在某些情况下执行自我修复的操作。例如，当检测到某个部件出现故障时，机器人可能会利用内置的备用部件或特殊的修复机制，自动进行替换或修复，从而迅速恢复到正常工作状态。

这种自我诊断和修复能力，无疑将极大地提升人形机器人的可靠性和耐用性。在执行特殊任务和长时间运行的过程中，机器人难免会遇到各种意外情况或磨损问题。而具备自我诊断和修复能力的机器人，则能够在第一时间发现并应对这些情况或问题，避免因这些情况或问题而导致小故障，进而引发连锁反应，确保机器人能够持续、稳定地执行任务。例如，在地震、火灾等灾害事故现场，未来的人形机器人可以进入危险区域进行救援，即使受到损伤，人形机器人也能快速自我修复，迅速恢复救援能力，从而确保顺利完成救援任务。

这种能力还有助于延长人形机器人的使用寿命。通过及时发现并处理潜在故障，机器人能够保持更佳的工作状态，缩短因故障导致的停机时间。这意味着机器人在其生命周期内能够完成更多的任务，提高了工作效率，同时降低了更换或维修部件的频率，从而延长了使用寿命。自我诊断和修复能力不仅降低了维护成本，还提高和延长了机器人的整体性能和使用寿命，为人形机器人在更多领域的应用提供了有力支持。

综上所述，人形机器人在能源效率和自持续能力方面的提升，将使其在各种应用场景中表现出更高的自主性和可靠性。这不仅将推动人形机器人在工业、服务、医疗等领域的广泛应用，还将为人机共生开辟新的可能性。

第五节　安全性能与隐私保护能力提升

随着人形机器人技术的不断进步和普及，其安全性能和隐私保护问题日益凸显，成为人类不得不面对的重大挑战，但从另一角度看，这也为人形机器人未来发展提供了巨大空间。可以说，安全性能与隐私保护能力的提升是人形机器人未来发展的两大支柱。它们不仅关系到机器人技术的成熟度和可靠性，更直接影响到人形机器人在更广泛领域的应用，以及社会的认可度和接受度。为了保障用户的安全与隐私，在未来人形机器人的设计和制造过程中，相关人员必须着重考虑这两个方面。

一、安全性能跃升

安全性能是未来人形机器人发展的重要考量因素之一。现实中，人形机器人的安全事故已有报道，但我们不能因噎废食，据此停止人形机器人的研发和应用，就像汽车的普及会提高车祸发生率一样，我们不可能就此停止使用汽车，而是需要想方设法提高其稳定性和可靠性。

随着技术的不断进步，人们越来越依赖机器人来完成各种任务，因此确保机器人在执行任务过程中的稳定性和可靠性至关重要。为了实现这一目标，机器人的运动控制系统将得到进一步的优化。这种优化体现在多个方面，其中较为重要的是引入先进的传感器和算法。例如，通过搭载高精度的激光雷达和立体摄像头，人形机器人能够更精确地感知周围环境中的物体，获取包括与它们的距离，以及它们的形状和速度等信息。这些传感器就像机器人的"眼睛"，帮助它们在三维空间中导航并避开障碍物。

除了传感器，算法也扮演着关键角色。这些算法能够处理传感器收集到的海量数据，并实时做出决策，指导机器人的行动。例如，当机器人检测到一个快速移动的物体（如儿童或宠物）时，算法会迅速计算出最佳的避让路径，以防止发生碰撞。

此外，紧急停止功能和防碰撞系统也将成为人形机器人的重要安全特性。

其中，紧急停止功能就像一个"紧急刹车"，当机器人出现异常行为或即将进入危险区域时，这个功能可以立即切断机器人的电源，从而防止可能造成的伤害。比如，如果机器人在运行过程中突然出现故障，紧急停止功能可以在瞬间切断电源，确保机器人不会继续执行可能对人造成伤害的动作。

而防碰撞系统则是一个更为主动的安全措施。它通过实时监测人形机器人与周围物体的距离和物体的速度，预测可能的碰撞风险，并自动调整人形机器人的运动轨迹以避免碰撞。例如，在一个繁忙的家庭环境中，防碰撞系统可以帮助人形机器人巧妙地避开家具、电器和其他障碍物，确保机器人在执行任务时既高效又安全。

总的来说，未来人形机器人在安全性能上的提升需要多方面的努力。通过引入先进的传感器和算法、配备紧急停止功能和防碰撞系统，我们可以期待人形机器人在稳定性和可靠性方面达到新的高度，为用户带来更加安全、便捷的服务体验。

二、守口如瓶的忠诚伴侣

在数字化时代，个人隐私的保护已经成为一个全球性的议题，隐私保护是未来人形机器人发展中不可忽视的一环。由于人形机器人通常需要与用户进行密切的交互，因此可能会接触到大量的敏感信息，包括个人偏好、日常习惯、个人健康状态、家庭环境布局等。若这些信息未受到充分保护，便有可能被恶意利用，对用户的个人隐私构成严重威胁。因此，一个"守口如瓶"的人形机器人才是令人安心和可靠的。

那么，应该如何做到这一点呢？通过加强数据加密、访问控制以及定期删除数据等隐私保护措施，可以有效地保护用户的个人隐私，增强用户对机器人技术的信心。

数据加密的加强是做到这一点的关键。未来的人形机器人将使用更复杂的加密算法和密钥管理体系，确保用户数据在传输过程中的安全性。例如，人形机器人可以采用先进的端到端加密技术，这意味着数据在从用户设备传输到人形机器人服务器，以及从服务器回传到用户设备的过程中，都受到强有力的保护。即使数据在传输过程中被截获，没有正确的密钥也无法解密，从而大大增强了数据的安全性。

访问控制加强也至关重要。除了数据加密，人形机器人操作系统的访问控制功能也将得到加强。首先，系统将对用户敏感数据的访问进行严格控制。比如，人形机器人的摄像头和麦克风等传感器在收集用户数据时，必须经过用户的明确授权。同时，系统内部将实施严格的权限管理，确保只有必要的程序和服务才能访问敏感数据，防止数据被滥用或泄露。

定期自动删除不必要的用户数据也是保护用户的个人隐私的重要措施。人形机器人将能够识别哪些数据是完成任务所必需的，哪些数据是临时的或已经不再需要的。例如，一旦机器人完成了根据用户指令进行的环境扫描任务，相关的图像和位置数据便可以被自动删除，以降低数据留存的风险。

举例来说，假设一个家用人形机器人处理家务。此时机器人可能会收集家庭成员的日程安排、饮食偏好以及家庭环境的详细信息等。通过采用高级别的数据加密技术，这些敏感数据在传输到云端进行存储或分析时，都会被严密保护，防止被第三方窃取或滥用。同时，机器人的操作系统会严格控制这些数据的访问权限，确保只有经过授权的服务才能使用这些数据。当不再需要这些数据时，系统会自动将其删除，以保护用户的个人隐私。

此外，为了增强用户对机器人安全性能和隐私保护能力的信心，制造商和销售商应提供详细的产品信息和使用指南，帮助用户了解如何正确使用和维护机器人，以及如何在必要时保护个人隐私。同时，他们还应建立完善的用户服务体系，及时解决和消除用户在使用和维护过程中遇到的问题和存在的疑虑。

当然，除了技术改进和用户教育，未来人形机器人的安全性能和隐私保护能力还需要法律支持。相关机构应制定严格的机器人安全标准和隐私保护法律，确保机器人在设计和使用过程中符合相关要求。同时，应建立有效的监管机制，对违反法律的行为进行严厉打击。

总之，随着人形机器人技术的不断发展，其安全性能和隐私保护能力将越来越重要。通过技术改进、用户教育和法律支持等多方面的努力，我们完全可以期待，在不远的未来，人形机器人在为人类带来便利的同时，也能充分保障用户的安全与隐私。

第十章

产业革命的新浪潮

随着技术的飞速发展，人形机器人正逐渐从科幻走向现实，其产业规模的广阔前景已清晰可见。智能化和认知能力的提升、自主导航技术与空间感知能力的提升，以及情感与社交互动能力的增强，都为人形机器人产业的蓬勃发展奠定了坚实基础。能源效率和自持续能力的提升，以及安全性能与隐私保护能力的提升，更为产业的可持续发展提供了有力保障。在这个产业革命的新浪潮中，我们不仅将看到产业规模的广阔前景，还将看到商业模式的探索与创新，以及产业化进程的加速与深化。接下来，我们将深入探讨这些激动人心的变革，并展望人形机器人产业如何引领未来的科技革命。

第一节　产业规模的广阔前景

随着科技的飞速发展，人形机器人产业正迎来前所未有的广阔前景。作为未来科技产业的重要组成部分，人形机器人不仅在技术上不断取得突破，其产业规模也在迅速扩大。根据有关机构的预测，全球人形机器人的市场规模在不断扩大，同时，其对各个行业领域的渗透率稳步提升。这体现出市场对人形机器人技术的认可和期待，预示着该产业将成为未来经济增长的重要引擎。

一、人形机器人产业化的主要驱动因素

人形机器人产业化的主要驱动因素如下。

1. 技术创新

技术创新将持续引领行业发展，人形机器人行业的迅猛发展预示着技术革新的源源不断。展望未来，随着传感器技术、机器学习、计算机视觉等核心技术的更进一步突破，人形机器人的性能与功能将迎来前所未有的提升。可以预见，人形机器人的运动灵活性将更上一层楼，感知将更为敏锐，交互也将更加自然、流畅。这将使得人形机器人的应用场景进一步拓宽，从深入工业制造的核心流程，到进行医疗服务的精准辅助，再到成为我们日常生活中不可或缺的智能伙伴。

2. 政策支持

展望未来，随着人形机器人行业的潜力和战略价值日益凸显，多国政府预计将进一步加大对该行业的支持，出台更加有力的政策，如增加研发资金投入、优化技术创新环境、推动产学研深度合作等措施，以全面促进人形机器人行业的持续发展。这些政策的实施，将极大地降低企业的创新风险和研发成本，为人形机器人行业的繁荣提供坚实的政策保障。

3. 市场需求增长

随着人口老龄化趋势的进一步加剧，以及社会对智能化生产和服务需求的持续攀升，人形机器人预计在养老陪护、医疗辅助、公共安全等领域的应用将进

一步普及和深化,成为这些领域不可或缺的智能化解决方案。

4. 产业链完善

随着技术进步和产业融合,人形机器人产业链将从上游的原材料供应、中游的硬件制造和集成,到下游的应用和市场拓展,不断进行优化和拓展。预计,未来的人形机器人产业链将更加紧密、高效,形成全方位的生态支持体系。这样完善的产业链,将为人形机器人的生产、研发、应用注入更强大的动力,推动行业朝着更高、更远的目标迈进。

5. 成本降低

从成本角度考量,人形机器人的渗透率受到其成本的制约,因此,降低成本成为推动其发展的未来趋势。在人形机器人技术日益成熟,生产工艺与选材也愈加考究的同时,人形机器人生产规模不断扩大,制造成本也不断下降,这将使人形机器人的价格变得更"接地气",应用也更为普及。也许在不久的将来,价格"接地气"的人形机器人将走进千家万户,成为我们日常生活中的得力助手。人们只要产生拥有一个人形机器人的想法,即可轻松入手一个人形机器人,让生活变得更加便捷和有趣。这样的美好愿景,无疑将点燃市场的热情,推动人形机器人行业迎来前所未有的繁荣与发展。

综合考虑人形机器人产业化的主要驱动因素可知,人形机器人行业的发展展现出无限潜力。技术创新将推动其性能飞跃,使其深深融入我们的生活与工作中,成为不可或缺的智能伙伴。同时,政策支持和市场需求增长为其快速发展提供保障,而产业链完善和成本降低将激发更大的市场活力。展望未来,人形机器人产业规模的前景无限广阔,产业革命的新浪潮将引领科技革命,深刻改变生活方式和社会结构,成为连接现在与未来的桥梁,并开启智能化、便捷化、高效化的新时代,赢得全球广泛认可。

二、全球人形机器人市场规模预测

当前,全球人形机器人产业仍然处于初级的技术探索阶段,尽管在某些特定领域已有初步应用,但大规模的商业应用尚未实现。这一现状既表明了该领域的巨大发展潜力,也反映出其面临的技术和市场挑战。然而,综合考虑技术发展、市场需求及政策环境等多重因素,我们可从现有数据和趋势中窥见未来。

根据高工咨询的预测数据,到 2030 年,全球人形机器人市场规模有望达到

151.42 亿美元，2024—2030 年的年复合增长率将超过 56%，同时全球人形机器人的销量也将从 1.19 万台激增至 60.57 万台。其中，预计到 2030 年，全球服务领域人形机器人市场规模将达到 113.82 亿美元，渗透率为 8.8%；工业领域人形机器人市场规模为 16.90 亿美元，渗透率为 3.5%；特种领域人形机器人市场规模为 20.70 亿美元，渗透率为 6.7%。

从人形机器人均价和销量的关系看，随着均价的不断下降，全球人形机器人销量会不断增加。根据预测数据，全球人形机器人均价将从 2024 年的 8.57 万美元，下降到 2030 年的 2.50 万美元，与此同时，销量将从 2024 年的 11 867 台增加到 2030 年的 605 680 台，如表 10-1 所示。

表10-1　全球人形机器人市场规模测算

年份	2024	2025	2026	2027	2028	2029	2030
全球人形机器人市场规模预测/亿美元	10.17	16.32	26.36	41.47	64.88	100.64	151.42
全球人形机器人均价预测/万美元	8.57	6.26	5.03	4.17	3.56	3.15	2.50
全球人形机器人销量预测/台	11 867	26 070	52 405	99 448	182 247	319 492	605 680

资料来源：高工咨询。

摩根士丹利的研究报告也对人形机器人市场抱有巨大期待。该机构预测，到 2030 年，美国人形机器人的数量将稳定停留在 4 万台。到了 2040 年和 2050 年，它们的数量可能会飙升到惊人的 800 万台和 6300 万台！人形机器人产业革命新浪潮正势不可当地席卷而来！

从供给端的具体制造商看，预计近一两年将有包括 1X Technologies、Agility Robotics、优必选等在内的多家人形机器人制造商实现商业化运营，而工业制造与仓储物流领域有望成为首批应用领域。这些公司将把人形机器人技术从研发阶段推向市场应用阶段，为消费者提供全新的智能化解决方案。

1. 1X Technologies

近年来，该公司在人形机器人技术领域取得了显著的突破，已成功展示了其人形机器人在执行复杂任务时的高效性，这无疑为机器人技术的进一步发展注入了新的活力。目前，1X Technologies 的两款核心产品——EVE 和 NEO，各自具有显著不同的特点。其中，EVE 是一款轮式机器人，而 NEO 则是一款双足机器人。通过详细对比两者的产品参数（见表 10-2），我们发现双足机器人NEO 因其较低的身高和较轻的体重而展现出更为灵活的身形。尽管在移动速度和续航时间方面，NEO 相较于 EVE 稍显逊色，但其出色的荷载能力使其在执行更复杂任务时具有明显优势。

表10-2　1X Technologies产品EVE及NEO产品参数对比

参数	EVE	NEO
机器人类型	轮式机器人	双足机器人
机器人身高	1.86米	1.67米
机器人体重	86千克	30千克
移动速度	最高速度：14.4千米/小时	行走速度：4千米/小时 跑动速度：12千米/小时
荷载能力	15千克	20千克
续航时间	6小时	2～4小时

资料来源：1X Technologies官网。

据悉，1X Technologies 预计在不久的将来会推出更多面向市场的产品，这或许将会是人形机器人领域的又一重大里程碑。特别值得一提的是，该公司计划将人形机器人应用于工业制造领域，为生产线提供自动化支持，这不仅有望大幅提升生产效率，还可能彻底改变传统的工业生产模式，为整个行业带来革命性的变革。

2. Agility Robotics

该公司由美国俄勒冈州立大学孵化而来，成立于 2015 年。Agility Robotics的人形机器人以其灵活性和高精度操作而闻名，其设计目标是在不影响效率的前提下，替代人工执行高风险或高重复性的工作，有望很快实现量产。据相关报道，Agility Robotics 公司已经建立了专门的生产工厂，并计划将年产能扩大到数千台甚至上万台。这一举措不仅将进一步推动人形机器人的商业化进程，还将为整个行业带来革命性的变革。

Agility Robotics 的人形机器人在商业化和量产方面展现出了巨大的潜力和广阔的前景，已获得亚马逊公司的投资，并应用于仓储物流场景。2023 年 9 月18 日，Agility Robotics 公司公开宣布，将在俄勒冈州兴建一座名为"RoboFab"的机器人制造工厂。该厂的主要任务是批量生产专为仓储物流场景设计的人形机器人——Digit。据 Agility 预测，RoboFab 将初步具备年产数百台 Digit 机器人的能力，并有望在未来实现年产能超过1万台的规模扩张。随着技术的不断进步和市场规模的持续拓展，Agility Robotics 公司的人形机器人有望在更多领域发挥重要作用，为人类的生产和生活带来更多便利和效益。

从渗透率的角度来看，人形机器人在工业制造领域的应用潜力不容小觑。尽管目前技术主要停留在研发及试用阶段，但随着技术的持续进步、成本的逐步降低以及应用场景的不断拓宽，预计未来几年内，人形机器人在多个领域的渗透率将稳步提升。

三、我国人形机器人市场规模预测

2024 年，我国是全球最大工业机器人消费国和生产国。得益于政府、企业有关工业自动化和智能制造战略的推动，我国工业机器人市场的需求持续增长。特别是在汽车制造、电子设备、金属制品、食品加工等诸多行业，工业机器人的应用数量显著攀升。此外，我国各级政府高度重视机器人产业，并提供了一系列政策扶持，从而加速了国内机器人产业链的迅猛发展。这不仅提升了核心零部件的研发和制造能力，还显著增强了整机系统的集成创新能力。

除此之外，在我国，不仅工业机器人市场蓬勃发展，服务机器人市场也取得了迅猛的发展。服务机器人已被广泛应用于家庭服务、医疗康复、教育娱乐以及公共服务等多个方面。技术的不断进步和社会需求的日益多样化，共同推动了我国机器人市场向多元化、智能化方向发展。未来，该市场需求将依旧保持着强劲的增长势头。

从当前阶段来看，我国人形机器人产业的发展将得益于政府的战略引领、制度保障，以及稳固的产业链根基、庞大的内部需求市场和雄厚的技术研发能力。这些因素共同为人形机器人在我国实现广泛应用提供了有力支撑。然而，要想达到大规模商业化应用的水平，仍需克服众多技术和非技术方面的挑战。

高工咨询预测，我国在人形机器人赛道的年均增速将高于全球平均水平，2024 年我国人形机器人市场规模为 21.58 亿元，到 2030 年将接近 380 亿元，2024—2030 年的复合年增长率将超过 61%，我国人形机器人销量将从 0.40 万台左右增长至超过 27.12 万台，如表 10-3 所示。

其中，我国工业领域人形机器人市场规模将从 2024 年的 5.24 亿元，增加到 2030 年的 30.73 亿元，渗透率将从 2024 年的 1.5%，提高到 2030 年的 3.8%；我国服务领域人形机器人市场规模将从 2024 年的 13.25 亿元，增加到 2030 年的 302.92 亿元，渗透率将从 2024 年 1.9%，提高到 2030 年的 9.0%；我国特种领域人形机器人市场规模从将 2024 年的 3.08 亿元，增加到 2030 年的 46.05 亿元，渗透率将从 2024 年的 1.4%，提高到 2030 年的 7.0%。

表10-3　我国人形机器人市场规模测算

年份	2024	2025	2026	2027	2028	2029	2030
中国人形机器人市场规模预测/亿元	21.58	34.39	57.07	93.26	150.90	242.91	379.70
中国人形机器人均价预测/万元	54.00	40.00	30.00	25.00	20.00	17.50	14.00
中国人形机器人销量预测/台	3996	8597	19023	37304	75450	138805	271214

资料来源：高工咨询。

从专业机构的预测数据来看，我国人形机器人市场有着巨大的增长潜力和广阔的发展前景，随着技术的进步和成本的降低，人形机器人在各个领域的应用将更加广泛。高复合年增长率显示了我国市场对人形机器人的强烈需求和高接受度。

四、优必选：我国人形机器人商业化运营个案分析

作为我国领先的智能机器人公司，优必选是一家被称为"人形机器人第一股"的上市公司，其计划在未来扩大人形机器人的商业化运营，不仅在工业领域，也在家庭服务等领域推出新产品。优必选在商业落地方面积极展开布局，以教育、物流、消费级产品和其他产业定制为四大主攻方向，全力推动智能机器人产业的实质性商业落地。

从收入结构的角度来看，优必选的主要收入来源是教育智能机器人产品及解决方案业务。具体而言，2020 年至 2022 年，该业务所带来的年收入分别为 6.1 亿元、4.6 亿元和 5.2 亿元，这些收入在公司总收入中所占的比例依次为 82.7%、56.5% 和 51.2%。

自 2024 年以来，该公司逐步将重心放在汽车、3C 等核心制造业领域，致力于提高人形机器人在工具操作与任务执行方面的能力。不仅如此，优必选还成功构建了人形机器人的生产线和专属工厂。值得一提的是，在追求典型制造场

景的深度应用过程中，其工业版人形机器人 Walker S 已顺利进入新能源汽车工厂，开始实地训练。

为了实现量产与商业化的目标，优必选将持续加大在技术创新方面的投入。该公司计划研发更先进的人工智能算法，提升人形机器人的自主学习和决策能力，使其更好地适应各种复杂环境。此外，优必选还将探索新的材料和技术，以降低人形机器人的制造成本，提高其耐用性和可靠性。

随着科技的迅猛发展和市场需求的持续增长，人形机器人产业将步入一个前所未有的广阔前景期。预计未来几年，全球人形机器人市场规模将持续快速扩大，成为未来经济增长的重要引擎。众多企业正积极推动人形机器人的市场化和产业化进程，为产业的进一步发展奠定了坚实基础。展望未来，人形机器人将在工业自动化、智能制造、家庭服务、医疗康复等领域发挥更加重要的作用，为人类的生产和生活带来革命性的变革。因此，我们有理由相信，人形机器人产业将迎来更加辉煌的明天，成为全球科技进步和经济发展的重要推动力。

第二节　商业模式的探索与创新

随着人形机器人技术的不断进步，其商业模式的探索与创新成为行业关注的焦点。传统的销售、租赁、服务模式已不能满足日益复杂、多变的市场需求，因此，对人形机器人商业模式的深入探索与创新显得尤为重要。未来，人形机器人将主要包括定制化服务模式、平台化运营模式、共享经济模式、跨界合作模式、数据驱动的增值服务模式等多种商业模式。

一、定制化服务模式

据 2023 年 11 月 20 日发布的《人民日报（海外版）》报道，我国服务机器人热销海外，我国研发生产的服务机器人的优势主要集中在技术、价格、服务 3 个方面。其中在服务方面，我国制造商可以根据客户需求提供定制化服务。定制化服务模式是未来人形机器人的重要商业模式。

工信部发布的《人形机器人创新发展指导意见》明确提出，"面向非结构化生产制造环节，加强人形机器人与设备、人员、环境协作交互能力，支撑柔性化、定制化生产制造"。定制化服务模式是一种以客户为中心的服务模式，它根据客户的特定需求和偏好，提供个性化的产品和服务。在这种模式下，企业不再仅仅依赖传统的标准化、大规模生产方式，还会依赖更加灵活、精细化的定制生产方式。

　　未来的人形机器人产业将更加注重提供定制化的服务，客户可以根据自己的需求和偏好，定制具有不同外观、功能和性能的人形机器人。这将使人形机器人更加普及化和个性化，为我们的生活带来更多的便利和乐趣。这一趋势反映了市场对于个性化和精细化服务的需求增长。企业可以深入了解客户的具体需求，然后根据这些需求，定制提供专属功能和服务的机器人。以老年陪伴照护机器人为例，随着人口老龄化的加剧，这类机器人的需求日益凸显。

　　在为老人提供服务时，机器人可以根据老人的健康状况进行特别定制。比如，对于患有高血压、糖尿病等慢性疾病的老人，机器人可以定时提醒老人服药，监测老人的血压、血糖等健康数据，并在数据异常时及时提醒家人或医护人员。此外，机器人还可以根据老人的生活习惯来调整服务方式。如果老人习惯早起锻炼，机器人可以在清晨提供天气、空气质量等信息，并推荐合适的锻炼方式；如果老人喜欢阅读，机器人可以为其推荐合适的书籍，并在老人读书时提供光线调节、翻页提醒等辅助功能。

　　除了基础的陪伴和照护功能，定制化的服务还可以包括为老人提供娱乐、教育等方面的活动。例如，机器人可以根据老人的兴趣，播放他们喜爱的音乐、戏曲或电影，甚至提供在线课程，帮助老人学习新知识、新技能。

　　通过这些个性化的设置，人形机器人能够为老人提供更加贴心、全面的服务，不仅满足他们的基本生活需求，还能丰富他们的精神生活，提高他们的生活质量。这种定制化服务模式，将成为未来人形机器人产业的一个重要发展方向。

二、平台化运营模式

　　平台化运营模式也将成为人形机器人产业的一个重要发展方向。该模式通过建立统一的机器人服务平台，整合各类服务和资源，为用户提供一站式解决方案。这种模式不仅可以提高服务效率，还能通过数据分析和挖掘，为用户提供更加精准和个性化的服务。例如，一个统一的机器人服务平台可以汇集多个品牌、型号的机器人，同时整合各种应用软件、数据分析功能和维护服务等资源。

想象一个名为"RoboHub"的机器人服务平台，它不仅提供了机器人的购买、租赁服务，还集成了机器人的远程控制、故障诊断、软件更新等功能。用户通过这个平台，可以轻松管理自己的机器人，无论该机器人是家庭环境中使用的清洁机器人、陪伴机器人，还是商业环境中使用的服务机器人。

此外，RoboHub还可以与第三方服务商合作，为用户提供丰富的增值服务，如定制化的机器人技能培训、特定应用场景的编程开发等。通过合作，平台能够为用户打造一站式解决方案，满足他们在使用机器人过程中的各种需求。

更为重要的是，通过收集和分析用户在平台上的行为数据，如使用习惯、偏好设置等，RoboHub能够为用户提供更加精准和个性化的推荐服务。比如，根据用户的行为数据，平台发现某个用户更偏好在夜间使用机器人进行清洁，那么它就可以自动为用户预约夜间清洁服务，或者推荐更适用于夜间清洁的机器人。

平台化运营模式不仅提高了服务效率，降低了用户在不同服务提供者之间切换的成本，还通过数据驱动的个性化服务，大大提升了用户体验。随着技术的不断进步和市场的日益成熟，平台化运营模式有望在人形机器人产业中发挥越来越重要的作用，推动产业的持续创新和发展。

三、共享经济模式

共享经济模式是一种基于互联网和现代信息技术的经济模式，它将闲置资源进行合理利用，实现资源优化配置，并创造经济价值。这种模式的核心是"使用而不占有"，强调资源的高效利用和减少浪费。

共享经济模式在人形机器人产业中同样具有广阔的应用前景。通过共享平台，用户可以按需租用合适的人形机器人，无论是家庭清洁、老人照护，还是商业展示、活动服务等场合，都有最合适的机器人。而且，用户无须承担高昂的购买成本，无须担心机器人的维护、升级等问题，这些都由共享平台统一负责，为用户提供了极大的便利。共享经济模式在人形机器人产业中展现出了令人瞩目的应用潜力。

想象一个名为"RoboShare"的共享平台，它允许用户按需租用各种类型的人形机器人，而无须承担高昂的购买成本。这个平台就像一个机器人版的"共享单车"，让用户能够便捷地获取和使用人形机器人。

例如，一个家庭可能需要一个机器人来帮忙做家务或照顾孩子，但该家庭可能不愿意购买机器人或无法承担购买一个全新机器人的费用。这时，该家庭可以通过 RoboShare 平台租用一个人形机器人，只需支付租金即可享受人形机器人带来的便利。当不再需要人形机器人时，他们可以简单地归还机器人，而无须担心长期的维护或存储问题。

对于企业来说，共享经济模式提高了灵活性和成本效益。企业可以在旺季时租用额外的人形机器人来应对业务高峰，而无须在淡季时承担闲置人形机器人的成本。这种"按需扩容"的能力可以帮助企业更好地管理其运营成本和资源。

除了减轻用户的经济压力以及提高灵活性和成本效益，共享经济模式还能促进资源的合理利用。通过共享平台，人形机器人可以在不同用户之间流通，从而减少闲置和浪费。这种高效的资源利用方式不仅有助于保护环境，还能推动人形机器人产业的可持续发展。

此外，共享经济模式还为人形机器人产业带来了新的发展机遇。通过共享平台，机器人制造商能够更广泛地推广其产品，提高机器人的使用率，从而提高品牌知名度和市场占有率。同时，共享平台还能收集到大量用户的使用数据和反馈，为机器人技术的持续改进和优化提供宝贵的信息资源。

总的来说，共享经济模式为人形机器人产业带来了新的机遇和可能性。通过共享平台，家庭可以更加便捷、经济地获取和使用人形机器人，而企业也能实现更高灵活性和成本效益的运营。这种模式有望在未来成为人形机器人产业的重要商业模式，推动产业的创新和发展。

四、跨界合作模式

随着人形机器人在各个领域应用的不断深化，跨界合作模式也将成为一种新的趋势，以及推动机器人技术发展和应用拓展的重要力量。这种趋势的形成，主要得益于人形机器人在技术、功能和适应性方面的不断进步，以及各行业对自动化和智能化解决方案的需求增长。未来，机器人企业可以与医疗机构、教育机构等合作，共同开发适用于特定场景的机器人解决方案。这种跨界合作模式有助于拓展机器人的应用领域，提高其社会价值。

1. 机器人企业与医疗机构合作

机器人企业可以与医疗机构合作，开发专门用于康复训练、病人护理或远程医疗咨询的人形机器人。比如，通过综合考虑外观设计、安全性及实用性等因素，一款名为"灵心巧手"的人形机器人，可以为老年患者提供日常照料和陪伴服务。这种人形机器人能够减轻医护人员的工作负担，提供更个性化、精准的医疗服务，从而提升医疗效率和服务质量。

2. 机器人企业与教育机构的合作

机器人企业可以与教育机构合作，推出教育型人形机器人。这种机器人能够与学生进行互动，提供个性化的学习辅导和兴趣激发服务。教育机构通过引入机器人教学，提升了教学质量、激发了学生的学习兴趣。同时，机器人企业也通过教育机构的反馈，不断优化其产品性能和教育内容。

3. 机器人企业与电影公司合作

机器人企业可以与电影公司合作，利用人形机器人的高度仿真动作和表情，为电影提供特效制作和角色表演服务。在电影拍摄中，人形机器人可以完成一些高难度或危险的动作，提高拍摄效率和安全性。通过合作，电影公司获得了更为逼真的特效和角色表现，而人形机器人公司则拓展了其技术在娱乐产业的应用范围。

4. 机器人企业与景区合作

机器人企业还可以与景区合作，开发出能够提供多语种导览服务的机器人导游。这些人形机器人在景区为游客提供详细的解说和导览服务。试想这样的场景，某著名旅游景点在引入人形机器人导游后，游客数量提高了15%，并且收到了大量关于机器人导游的好评，这是多么令人鼓舞人心啊！景区通过引入人形机器人提升了服务质量和游客体验，同时机器人企业也获得了新的市场机会。

总之，跨界合作模式促进了不同行业之间的技术交流与融合，为人形机器人注入更多创新元素。同时，跨界合作模式还促进了人形机器人市场拓展，通过与不同行业的合作，人形机器人能够进入更多新的领域，拓宽其市场范围。此外，针对特定场景开发的机器人解决方案，能够更精准地满足社会需求，从而提升机器人的社会价值。

五、数据驱动的增值服务模式

未来，人形机器人将不再仅仅是一个执行简单任务的硬件设备，它们将进化为强大的数据收集和分析平台。这些机器人能够通过内置的传感器和软件系统，持续地收集用户在使用过程中的各种数据。通过收集用户在使用过程中的数据，企业可以提供更加精准的服务推荐和个性化设置，从而提高用户黏性和满意度。这种数据驱动的增值服务模式将成为人形机器人产业的一个重要盈利点。

人形机器人可以收集使用习惯、偏好、频率等数据，帮助企业敏锐获取用户的"买点"，从而提高服务的精准度。假设一家智能家居公司推出了一款人形机器人，它能够与用户进行自然语言交互，并根据用户的日常行为数据提供个性化的家居服务。比如，通过分析用户的观影习惯，机器人可以推荐更符合用户喜好的电影或电视节目；通过监测用户的睡眠质量，机器人可以调整卧室的灯光、温度和音乐，以创造更舒适的睡眠环境。

通过深入分析这些数据，企业可以获得宝贵的市场洞察结果，进而提供更加精准的服务推荐和个性化设置。比如，在餐饮行业，人形机器人可以通过分析顾客的用餐习惯和口味偏好，为每位顾客定制个性化的菜单，甚至调整餐厅的环境音乐和灯光，以营造更舒适的用餐环境。

这种基于数据的个性化服务将极大地提高用户黏性和满意度。用户会感到被理解和尊重，因为他们的需求和偏好得到了精准的满足。同时，企业也能通过这种数据驱动的增值服务，开辟新的盈利渠道。例如，通过提供高级会员服务，为用户量身定制一系列个性化体验，或者将数据分析结果提供给第三方合作伙伴，以实现更广泛的商业价值。

企业不仅需要关注机器人的硬件性能提升，更需要重视数据资源的开发利用，以在激烈的市场竞争中脱颖而出。当然，数据驱动的增值服务中的数据安全与隐私保护也是一个重要问题，我们相信随着人类社会的进步与发展，这些问题都会得到妥善的解决。

总之，商业模式的探索与创新对于人形机器人产业的持续发展至关重要。通过定制化服务模式、平台化运营模式、共享经济模式、跨界合作模式以及数据驱动的增值服务模式等多种模式的尝试和实践，人形机器人产业将迎来更加广阔的发展空间和更大的商业机遇。这些创新的商业模式不仅将丰富人形机器人的应用场景，满足市场的多样化需求，还将促进行业内企业的合作与共赢，推动人形机器人技术的不断进步和产业的持续繁荣。

第三节　产业化的加速与深化

在科技飞速发展的浪潮中，人形机器人产业作为前沿科技的代表，正步入产业化的加速与深化阶段。步入这一阶段不仅是技术进步的体现，更是市场需求和政策导向共同作用的结果。随着产业链的完善与协同、技术创新的加速以及市场应用的广泛拓展，人形机器人正逐步渗透到我们生活的方方面面。

一、产业链的完善与协同

产业链的完善与协同将是推动整个行业蓬勃发展的关键所在。未来，人形机器人产业的产业链将逐步趋于完善，形成从上游关键零部件供应、中游整机集成到下游应用服务的完整产业链。各环节之间协同合作，共同推动产业的健康发展变得尤为重要。

在上游环节，专注于供应关键零部件的企业通过持续研发和创新，不断提升零部件的性能和质量。这些高性能的零部件为人形机器人的稳定性和耐用性提供了坚实的基础，是机器人能够精准、高效执行任务的关键。未来，随着技术创新的加速，上游环节将迎来重要突破，包括高精度传感器、智能驱动系统等的研发与应用，从而极大提升人形机器人的性能。

中游环节则负责将上游环节提供的零部件进行整机集成。这一环节的企业需要具备深厚的技术实力和精湛的生产工艺，以确保人形机器人的整体性能和可靠性。通过精细的组装和调试，中游环节的企业能够打造出功能强大、操作灵活的人形机器人，为下游环节提供了有力的支持。未来，中游环节将更高效地整合上游环节提供的零部件，打造出更智能、更适应多元化市场需求的人形机器人产品。中游环节的持续进步，不仅将推动人形机器人技术的不断创新，还将为整个产业链的协同发展注入新的活力。

下游环节的企业专注于人形机器人的应用服务。这些企业根据市场需求，开发出丰富多样的应用场景，将人形机器人引入各行各业中。无论面对的是工业生产、家庭服务还是医疗护理等领域的客户，下游环节的企业都致力于提供定制化的解决方案，以满足客户的实际需求。未来，下游环节的拓展，将使人形机器人在更多领域发挥巨大作用。

二、技术创新的加速

技术创新在人形机器人产业化发展过程中扮演着至关重要的角色。它是推动人形机器人技术水平提升、加速产业化进程以及拓宽应用场景的关键力量。具体来说，随着传感器技术、运动控制和材料科学的不断进步，人形机器人的性能得到了显著提升，这为产业化发展奠定了坚实基础。同时，新技术如大模型的出现，为人形机器人产业带来了巨大的推动力，提升了机器人的智能化水平。

展望未来，随着技术创新的加速，人形机器人将在智能化和认知能力、自主导航技术与空间感知能力、情感与社交互动能力等方面实现更大的突破，更贴近人们的需求，进一步推动产业化进程并开拓更广阔的市场前景。

因此，可以认为技术创新是人形机器人产业化发展的核心驱动力，它将引领人形机器人产业迈向更广阔的未来。未来，人形机器人将渗透到人类生活的方方面面，成为推动社会进步的重要力量。

三、市场应用的广泛拓展

随着技术的不断进步，人形机器人在性能上逐渐接近甚至超越人类，为其进入更广泛的市场奠定了基础。同时，人形机器人的应用领域也在不断扩大，从传统的工业领域拓展到家庭服务、医疗护理等多个领域，其更加贴近人们的日常生活。

市场需求和消费习惯的变化为人形机器人技术提出了更多、更高的要求，为人形机器人的广泛应用提供了引擎，也成为人形机器人产业深化发展的不竭动力，推动了技术的不断创新和产业链的不断完善。随着生活节奏的加快，人们对高效、便捷、个性化服务的需求也越来越强烈，人形机器人正好能满足这些需求，推动产业化的进程。例如，在工业领域，人形机器人能适应复杂作业环境，提高生产效率和安全性，如特斯拉工厂中的人形机器人，为适应这些市场需求变化不断升级。

此外，政策与法规的支持与引导在人形机器人产业化的过程中发挥着举足轻重的作用。近年来，多国纷纷将人形机器人产业视作未来产业的重要组成部分，并通过出台相关政策与法规，将其提升至国家发展战略的核心地位。这些政策与法规不仅有力推动了传感器技术、运动控制和材料科学等关键领域的技术突破，更促进了全球人形机器人产业的蓬勃发展，带动了产业规模的扩大和商业化进程的加速。未来，多国政府将加强政策与法规的支持与引导力度，以及对产业的扶持力度，同时完善相关政策与法规体系，为产业的健康发展提供有力保障。

总之，在科技浪潮的推动下，人形机器人产业步入产业化的加速与深化阶段。通过产业链、技术创新、市场应用的紧密结合，该产业已构建完整的体系，并在智能化和认知能力、自主导航技术与空间感知能力、情感与社交互动能力等方面取得显著进步。市场应用的广泛拓展进一步加速了其发展，使人形机器人在多个领域展现出巨大的应用潜力。展望未来，随着技术创新的加速和市场应用的广泛拓展，人形机器人产业将迎来更加广阔的发展空间和更加光明的前景，成为人类生活中不可或缺的一部分，与人类共同创造一个更加美好的智能世界。

第十一章

与机器人共舞的世界

如今，人形机器人已不再是科幻电影中的桥段和设想，它已经逐步融入我们的日常生活。从人机共生的新世界，到协作与冲突，再到跨越 2045 年的展望，每一幕都充满了挑战与机遇。

第一节　人机共生的新世界

随着人形机器人技术的飞速发展，我们将迎来一个前所未有的人机共生新世界。在这个世界里，人类与机器人之间的关系不仅仅是使用者与工具的简单交互，而演变成了一种深度融合、相互依存的新生态。下面将对这一新世界的关键方面进行大胆展望。

一、生活与工作深度融合

未来，人形机器人将渗透到日常生活的每一个角落，成为家庭、办公楼、工厂等场景中的常态存在。它们不仅能够承担繁重的家务劳动，还能在医疗、教育、娱乐等领域发挥重要作用，极大地提升人类的生活品质和工作效率。

在家庭中，人形机器人将成为我们的得力助手。在家务方面，它们能够承担家务劳动，如清扫、洗衣、做饭等，减轻我们的负担。同时，它们还能提供个性化的服务，理解我们的习惯和喜好。例如，一款智能的人形机器人可以通过内置 AI 系统和传感器，自动检测家中需要清扫的区域并进行高效清扫。在家庭教育和陪伴方面，人形机器人也将发挥着重要作用，它们可以陪伴孩子学习，激发孩子的学习兴趣，同时为老人提供医疗护理和心灵慰藉，成为家庭中的陪伴者和守护者。例如，当孩子在无法解决数学难题时，人形机器人会用动画和实例来阐释复杂概念，化难为易，而且，通过游戏化的学习设计，孩子可以在挑战和奖励中感受到学习的乐趣。

在办公楼中，人形机器人也将大放异彩。想象一个智能的人形机器人作为办公助手，它不仅能自动处理行政事务（如会议安排和日程管理），还能通过语音识别和自然语言处理技术来执行语音指令。在会议室，机器人化身为专业会议记录员，实时记录会议内容并在会后立即生成纪要。此外，撰写邮件、报告等耗时任务也将得到机器人的助力，它们能快速生成初稿并提供数据分析建议。在接待区，机器人以优雅姿态迎接客户，提供个性化问候和引导服务，同时还能提供自助查询服务。更令人期待的是，未来的人形机器人将注重情感交流，能够识别并回应人类情绪，营造和谐工作氛围。

在工厂中，人形机器人也将发挥巨大作用。它们能够完成复杂、危险或劳动强度大的工作，提高生产效率和产品质量。例如，在汽车制造、电子装配等环节中，人形机器人可以按照预设程序进行精确操作，连续工作且精度远高于人工操作的精度。同时，在产品质量检测环节中，它们还能通过先进技术进行全面检测和分析，确保产品质量的稳定性和可靠性。但是，人形机器人与人类之间的关系并不是替代关系而是互补关系。对此，有专家指出，人形机器人并非旨在取代人类，而是有很大的潜力与人类相辅相成，共同提升生产效率与工作安全性。展望未来工业领域，工厂或许将遵循"721"的分布格局：其中，70%的作业任务将由目前普及度较高的专用机器人（例如机械臂、AGV等）来负责完成；20%的作业任务则将交由人形机器人处理，它们能够解决专用机器人难以解决的复杂问题，并适应更多需要与人类环境高度融合的场景；剩余的10%的作业任务，受技术条件或实际操作需求的限制，仍然需要依靠人力来完成。

二、情感与社交深化交流

随着技术的不断进步，人形机器人将具备更加丰富的情感表达能力和更加自然的社交技巧。它们能够理解人类的情绪变化，与人类进行深层次的情感交流，从而与人类建立紧密的信任关系。

1. 丰富的情感表达能力

过去，机器人给人的印象往往是冷漠和刻板的。未来，随着技术的进步，人形机器人将能够模拟出多种复杂的声音语调和肢体动作，以传达不同的情感。例如，当人类感到沮丧时，人形机器人可以通过柔和的语调、安慰的话语以及一个温暖的"拥抱"来表达同情和支持。这种丰富的情感表达能力使得机器人不再仅仅是一个执行命令的机器，还是一个能够理解和回应人类情感的智能体。

2. 不断进化的社交技巧

除了情感表达能力，人形机器人的社交技巧也会不断进化。通过自然语言处理和机器学习技术，机器人能够更自然地与人类进行对话，它不仅能够回答问题，还能主动发起话题，甚至与人类进行幽默的互动。例如，在家庭聚会上，人形机器人可以主动询问家庭成员的感受，分享有趣的新闻或故事，甚至参与游戏和活动，从而调节家庭氛围，成为家庭的一员。

3. 建立紧密的信任关系

正是通过这种情感表达能力和社交技巧，人形机器人能够与人类建立紧密的信任关系。想象一个孤独的老人，通过与机器人的日常交流，不仅在生活上得到了帮助，还在情感上得到了支持和陪伴。这种深层次的交流，使得老人对机器人产生了信任和依赖，机器人成为他生活中不可或缺的一部分。再想象一个名为"小伴"的人形机器人，它不仅拥有可爱的外观和声音，还能通过摄像头和传感器识别孩子的情绪。当孩子开心时，"小伴"会与他们一起欢笑、跳舞；当孩子难过时，"小伴"会提供安慰和鼓励。通过长时间的陪伴和互动，孩子与"小伴"建立了深厚的友谊，甚至将其视为最好的朋友。这种紧密的信任关系的建立，不仅让孩子在成长过程中得到了更多的快乐和支持，还使家长更加放心地让孩子与机器人互动。

三、伦理和法律引导

未来，随着人形机器人技术的不断进步和普及，它们将在我们的日常生活中扮演越来越重要的角色。然而，正如前所述，在这个人机共生的新世界中，伦理和法律问题不可忽视。为了确保人形机器人技术的健康发展，并保障人类的权益，我们必须建立完善的伦理规范和法律体系，使人形机器人能够在伦理和法律允许的范围内为人类服务并尊重人类的意愿。

1. 在伦理规范方面

我们需要明确人形机器人在与人类交互时应遵循的基本道德原则，包括人形机器人不应伤害人类，应尊重人类的尊严和权利，以及遵循公平、公正的原则。此外，我们还需要探讨机器人是否应具备以及如何具备自主决策能力，在紧急情况下如何平衡机器人的自主决策与人类的安全。

人类应制定具体的伦理规范，包括如下方面。

数据隐私方面：严格保护用户数据，避免滥用和非法获取个人信息。

透明性方面：确保机器人决策过程的透明性，让用户了解其背后的逻辑和依据。

可追责性方面：建立机制以确保在机器人造成损害时能够追溯到责任方。未来，还要强化行业自律和监管，制定行业内部的伦理规范，规范企业的研发和应用行为；设立专门的监管机构，负责监督伦理规范的执行。

研发人员教育方面：加强研发人员的伦理教育，提高他们对伦理问题的敏感性和重视程度。

用户教育方面：教育用户如何在使用人形机器人时遵守伦理规范，以及如何维护自己的权益。这些措施可以有效地建立和完善人形机器人在研发和应用中的伦理规范，确保其健康、安全和合规地发展，同时保护人类的权益和尊严。

2. 在法律体系方面

未来立法需要细化人形机器人在各个领域的应用规范。例如，在医疗领域，法律应明确机器人在诊断、手术等环节中的责任界限，以及出现医疗事故时的法律责任归属。在服务领域，法律应规定机器人与用户的互动准则，保护用户权益。同时，我们还需要考虑如何制定针对机器人制造商和软件开发商的监管措施，以确保他们遵守相关法律法规。此外，还应鼓励人形机器人的立法国际合作，通过建立国际统一的伦理规范和法律体系，促进技术的健康发展并减少潜在的冲突，推动人形机器人的全球治理。

很显然，在未来人机共生的世界中，确保人形机器人的安全、合规应用是至关重要的。这不仅仅关乎技术的先进性，更触及社会伦理、法律法规的深层次问题。通过建立完善的伦理规范和法律体系，我们能为人形机器人产业提供稳固的基石，推动其健康且持续地发展，使其最终造福人类社会。

四、文化与社会的融合共生

在未来的世界中，人形机器人不再仅仅是高科技产品，还是人类生活中不可或缺的一部分，与人类共同塑造一个多元化、和谐共处的社会文化环境。随着人形机器人的普及，它们将逐渐融入人类的文化与社会生活。人类将机器人视为与自己一样具有情感和意识的存在，这种文化上的认同将促进人机和谐共处，并推动社会文化的多样化发展。

随着人形机器人的普及，它们将不仅可以执行任务，更会拥有独特的"个性"和情感反应能力，这使得它们能够更深入地理解和适应人类的文化习惯。例如，在不同的地域，人形机器人可以学习和模仿当地的方言、习俗并参加节庆活动，从而与当地人建立更紧密的联系。

人类将逐渐习惯并欣然接受这些人形机器人成为生活的一部分，甚至在某些情况下，人类会将它们视为家庭的一员。例如，一个家庭可能会拥有一位人形机器人管家，它不仅负责日常家务，还能参与家庭活动，如庆祝生日、节日，甚至参与家庭决策。这种深度的融入使得机器人不再是一个冷冰冰的机器，而是一个充满"人性"和情感的存在。

文化上的认同不仅仅体现在日常生活中，还将渗透到艺术、文学和科学等各个领域。人形机器人可能成为电影、戏剧和文学作品中的主角，与人类共同生活和冒险，这将进一步加深人们对机器人的情感联系和文化上的认同。

同时，人们将开始探索和创造与机器人相关的新文化形式。比如，专门为人形机器人设计的时尚服饰，或者机器人音乐会，其中机器人既是表演者也是创作者。

试想在未来的城市中设立"人机文化节"，在这样的节日里，人们可以欣赏到由人形机器人表演的舞蹈、音乐和戏剧，甚至可以参与与机器人的互动游戏中。这样的节日不仅丰富了人们的文化生活，也促进了人机之间的交流与理解。

不难想象，随着人形机器人的普及和融入，未来的社会文化将更加丰富多彩，人机之间的关系也将更加和谐、紧密。这种文化与社会的融合共生将为我们开启一个全新的时代，其中人与机器人的互动将成为推动社会文化发展的重要力量。

第二节 协作与冲突

在人机共生的未来世界中，协作与冲突将是不可避免的两个方面。随着人形机器人技术的飞速发展及其在各个领域的广泛应用，人类与机器人之间的互动将日益频繁和深入，这种互动不仅带来了前所未有的协作机遇，也催生了一系列新的挑战和冲突。

一、协作：共创未来

1. 科研跑出"加速度"

人形机器人作为人类探索未知世界的得力伙伴，正助力科研探索跑出"加速度"。它们勇闯深海、太空等极端环境，轻松完成数据采集、样本收集等任务，为科学研究提供宝贵的一手资料。同时，在生物医学、材料科学等领域，人形机器人也展现出了精细的实验操作能力，有效减少人为因素对实验结果的影响。这种科研与技术的完美融合，不仅推动了科学发现的进程，更为我们探索海洋、宇宙奥秘和攻克生物医学、材料科学难题提供了强大的技术支持。

2. 生产力实现新飞跃

人形机器人在工业与建筑等领域的应用极大地提高了生产效率。它们能够执行重复性高、劳动强度大的任务，使人类得以从繁重的工作中解脱出来，专注于更有创造性和战略性的工作。这种"人机协作"模式不仅提升了整体生产效率，还促进了产业结构的优化升级，让生产力实现新飞跃。

3. 社会服务迎来革新

在家庭服务、医疗护理等领域，人形机器人以其独特的优势成为人类的得力助手。它们能够陪伴孤独的老人，照顾需要特殊关怀的患者，甚至在灾难发生时执行救援任务。这种深度的社会参与不仅提升了民众的生活质量，还展现了机器人技术的人文关怀。

4. 跨界融合开辟新道路

随着技术的不断进步，人形机器人正逐渐渗透到更多领域，如教育、艺术等。它们不仅能够作为教学辅助工具，帮助学生更好地掌握知识，还能在艺术创作中展现独特的视角和风格。这种跨界融合不仅丰富了人类的文化生活，也为人形机器人产业的发展开辟了新的道路。

5. 环境保护展现巨大潜力

环境保护的严峻挑战正驱使着人类寻找创新的解决方案，而人形机器人在这一领域展现出巨大的潜力。它们能够在恶劣或危险的环境，如辐射区、森林火灾现场等进行精准的环境监测，降低了人员直接暴露于危险中的风险。此外，人形机器人还能参与生态修复项目（如植树造林、河流清理等），有效提升环境保护行动的效率与持续性。这种人形机器人在环境保护中的应用，不仅有助于缓解人类对自然环境的负面影响，还大大促进可持续发展目标的实现。

二、冲突：挑战与对策

未来，人机关系无疑会变得更为融洽、协调，人类与人形机器人相互依存、相互融合，但并不意味着没有任何冲突。冲突无时不有、无处不在，即使在更为久远的未来，人机冲突总会相生相伴，人类文明永远会在冲突中不断进步和成长。

1. 冲击就业市场

人形机器人的广泛应用不可避免地会对就业市场造成一定冲击。大量传统岗位被机器人取代，可能导致部分人群面临失业的风险。因此，如何在推动机器人产业发展的同时，保障劳动者的权益，促进就业结构的转型升级，是人类未来会长期面对的问题。

2. 安全与隐私存在隐忧

随着人形机器人深入人类生活的方方面面，其安全性与隐私保护问题日益凸显。如何确保机器人在执行任务时不会对人类造成伤害？如何防止机器人被恶意利用，侵犯个人隐私？这些都是需要高度重视和妥善解决的问题。至于对策，如前所述，必须建立伦理规范和加强监管，完善相关法律体系，同时加强人形机器人的国际交流与合作，推动全球治理。

3. 伦理与法律面临挑战

随着人机共生的不断深入，一系列伦理和法律问题会出现，这使得伦理规范和法律体系的调整与完善永远是一个动态的过程。例如，人形机器人的权利与义务如何界定？当机器人造成损害时，责任应由谁来承担？人形机器人过度拟人化带给人类的情感困惑如何化解？人形机器人在学习和模仿人类知识和技能的过程中，可能涉及侵犯知识产权的问题。而在现有的伦理规范和法律体系内，很难找到解决问题的答案，即使在一个时期解决了问题，新的问题又会接踵而至。这些问题都需要在伦理和法律层面进行深入探讨和解决。

三、建立人机关系的新模式

人形机器人的诞生，不仅重塑了我们的生活方式，更激发了我们对未来社会的无限遐想。这些高度智能化的机器人，拥有与人类相似的外貌和功能，将成为人类日常生活中的得力助手，同时，它们也带来了新的挑战。面对这些挑战，我们必须进行深入的研究与探索，以确保人形机器人的进步能为我们带来更多的便利，而非困扰。

首先，必须构建一种全新的人机关系模式。这一模式需要清晰地界定人形机器人与人类的互动关系，以确保人形机器人不会取代人类，不会对人类构成威胁，更不会侵犯人类的隐私和权益。我们的目标是建立一种和谐共生的人机关系模式，使人形机器人真正成为得力助手和忠实伙伴，而非潜在的敌人。

其次，需要确立新的人机道德准则。这要求我们明确人形机器人应遵循的道德准则，并确保它们能够恪守并尊重这些道德准则。建立人形机器人与人类之间的道德联系，让人形机器人成为人类在道德层面的盟友，而非对手。

再次，必须创建新的人机法律制度。这要求我们明确人形机器人在法律上的地位，确保它们能够遵守并尊重法律规章。建立人形机器人与人类之间的法律关系，目标是让人形机器人成为人类在法律层面的合作伙伴，与人类共同维护社会秩序，而非成为法律的破坏者。

最后，需要构建人机未来的新愿景。我们必须清晰地规划人形机器人的未来发展，致力于实现人形机器人与人类的和平共处与和谐共存，共同推动双方的进步与发展。确立人形机器人与人类之间的未来关系框架，确保人形机器人能成为人类走向未来的重要伴侣，与人类共创美好未来，而非成为潜在威胁。

总之，在人机共生的未来世界里，协作与冲突将并存。我们需要以更为开放和包容的心态看待机器人的发展，积极探索人机关系的新模式，同时也要正视并克服和解决由此带来的挑战和问题。只有这样，我们才能在享受机器人技术带来的便利的同时，构建一个人机共生的和谐社会。

第三节　跨越 2045 年的展望

展望未来，特别是在 2045 年这一具有象征意义的时间节点，人形机器人产业预计将实现前所未有的变革与融合，深刻地影响人类社会。届时，人形机器人不仅仅是工具或辅助者，还将成为人类生活中不可或缺的一部分，与人类共同塑造一个全新的人机共生世界。

一、高度智能化与个性化定制

到 2045 年，人形机器人将实现更高的智能化水平。它们将拥有更强大的学习与适应能力，能够基于用户的习惯、偏好甚至情绪变化，提供个性化的服务。从家庭生活的细微照顾到工作场合的精准辅助，人形机器人将以其无微不至的关怀和高效率的工作能力，成为人类最亲密的伙伴。

想象这样的场景，当你在清晨的阳光中醒来时，家庭人形机器人"晨曦"已经根据你的个人习惯和健康状况，为你精心准备了营养均衡的早餐。它不仅能通过面部微表情分析并感知你的情绪，为你播放合适的音乐来开启新的一天，还能在你工作时化身为得力助手。无论是整理烦琐的会议资料，还是协助安排紧凑的日程，甚至是提供深入的行业趋势分析，"晨曦"都能游刃有余地完成，极大地提升你的工作效率。

此外，随着三维打印、纳米技术等先进制造技术的发展，人形机器人将实现个性化定制，满足不同用户群体的多样化需求。如果你热爱运动，那么一款拥有强化运动辅助功能的人形机器人将是你的理想选择。它能在你健身时提供科学的指导，确保你的运动效果最大化；而在户外探险时，它又能成为你可靠的伙伴，助你克服各种挑战。如果你追求艺术氛围，那么一款具备高级艺术鉴赏能力和创作能力的机器人将为你的生活增添无限乐趣。它能在家中为你举办小型音乐会，带你领略音乐的魅力；同时，它还能与你共同探讨绘画、雕塑等艺术领域的奥秘，激发你的创作灵感。

你还可以根据自己的审美偏好选择机器人的外观风格，从复古经典到未来科幻，各种风格应有尽有。在声音方面，你可以定制温柔细腻的女声或沉稳有力的男声，甚至模拟你喜爱的名人的声音，让机器人更加贴近你的生活。而在性格设定上，机器人也可以根据你的性格特点和家庭氛围来调整自己的互动方式，成为家庭中的"开心果"或者沉稳的倾听者。

二、深度融合于社会经济体系

在未来几十年里，人形机器人将深度融入社会经济体系，成为推动经济增长的重要力量。在工业生产中，它们将承担更多高风险、高强度的任务，提高生产效率和安全性。在繁忙的汽车制造工厂里，人形机器人将成为装配线上的一道亮丽风景线。例如，在某知名汽车制造商的工厂中，人形机器人已经承担了最精细、最危险的装配环节的任务。它们能够在极端高温或高噪声环境下持续工作，显著提高了生产效率，并降低了工人受伤的风险。

在服务业，人形机器人将提供更加人性化、高质量的服务，如医疗护理、关怀陪伴、教育辅导等。在未来的医院中，人形机器人将成为医疗护理团队的重要一员。它们能够协助医护人员执行日常监测任务，提供初步的疾病诊断建议，为患者带来更加贴心和高效的服务。而在老年人护理中心，人形机器人更以其温柔、细致的服务赢得了老人们的喜爱。此外，在教育领域，人形机器人教师也通过互动式教学激发了孩子们的学习兴趣。

同时，人形机器人的广泛应用还将催生新的商业模式和服务业态，促进经济结构的优化升级。比如，在餐饮行业中，一家创新企业已经利用人形机器人服务员为顾客提供了全新的就餐体验。同时，通过精准的数据分析，这些机器人还帮助企业优化了菜单设计和服务流程。在物流配送领域，人形机器人也展现出了巨大的潜力，它们能够自主规划路线、高效完成配送任务，极大地缓解了城市物流压力。

三、人机共生世界的社会形态

2045 年，随着人形机器人技术的不断成熟和普及，人类已经步入一个人机共生的新世界。在这个世界里，人类与机器人之间的关系将更加和谐、融洽。人形机器人不仅会在物质层面满足人类的需求，更会在精神层面给予人类陪伴和支持。它们将成为人类情感交流的伙伴、心理慰藉的源泉，甚至在某些方面超越人类自身的能力限制，与人类共同推动社会文明的进步。

试想在 2045 年的上海市的繁华街区，我们将看到一幅前所未有的城市画卷。高楼林立，车水马龙间，人形机器人自如地穿梭于街头巷尾，与行人和谐共处。在购物中心，人形机器人导购员以优雅的姿态迎接每一位顾客，它们精通多国语言，并能根据顾客的购物习惯和偏好提供个性化的推荐服务，使得顾客的购物体验更加贴心。餐厅里，机器人服务员和厨师以高效的工作流程和精湛的烹饪技艺，为顾客带来美味佳肴，同时保持整洁的用餐环境。

2045 年的上海，人机共生已成为现实。人类与机器人相互尊重、理解与支持，一个人机共生的新世界将展现在我们眼前。在这个世界里，人形机器人与人类携手共进，共同探索未知、解决难题、推动社会文明的进步，共同创造着一个更加繁荣、文明、和谐的社会。

四、伦理规范和法律体系的完善

面对人形机器人产业的迅猛发展，伦理规范和法律体系也将不断完善以适应这一变化。2045 年，多国政府和国际组织将制定出更加全面、细致的法律法规来规范人形机器人的研发、生产、使用和管理。以美国政府为例，他们可能会推出一系列严格的安全标准与测试规范，要求所有人形机器人在进入市场前必须通过严格的安全认证，从而保障公众的安全。同时，美国政府还可能设立专门的伦理审查委员会，对涉及伦理道德的研究项目进行深度评估，以防止技术的滥用。

日本作为人形机器人技术的领先国家，其将进一步完善法律体系，以支持人形机器人在养老、医疗等领域的广泛应用。同时，日本还将制定严格的数据保护法规，对人形机器人收集、处理、传输个人信息的行为进行严密监管，以确保个人隐私不受侵犯。

欧洲国家则可能借助欧盟层面的立法，推动跨国界的人形机器人标准制定与互认，以此促进市场的一体化与公平竞争。此外，他们还会加强对人工智能算法透明度的要求，确保人形机器人的决策过程可追溯、可解释，从而提高公众对人形机器人的信任度。

在我国，随着人形机器人技术的飞速发展与广泛应用，2045年将成为伦理规范和法律体系全面完善的重要时间节点。预计中国政府将积极响应全球趋势，以更加包容和开放的态度广泛参与人形机器人的全球治理，充分吸收人类文明成果，并结合本国国情，制定出一套既前瞻又务实的法律法规框架，以全面规范人形机器人的研发、生产、使用及废弃等各个环节。

国际组织如国际电信联盟（International Telecommunication Union，ITU）和联合国等也将发挥关键作用，推动全球范围内人形机器人相关法规的协调与统一。这些组织将致力于加强国际合作，使全球各国共同面对技术快速发展所带来的全球性挑战，以确保人形机器人技术的可持续发展并最大化其对社会的贡献。

此外，2045年，关于人形机器人权利与责任的讨论也将达到一个前所未有的深度。法学家、伦理学家、技术专家及公众将共同参与该讨论，推动形成既保障人类权益又促进人机和谐共生的伦理规范和法律体系。这一规范和体系会明确人形机器人在不同应用场景下的行为准则、责任归属及权益保护，以确保它们的研发、生产、使用及废弃过程都符合伦理标准，同时尊重人类的价值观与尊严。伦理规范和法律体系的不断完善，将为人形机器人的健康发展提供合理的道德指引和坚实的法律支撑，进而促进技术创新与社会发展的良性互动。

五、技术挑战和伦理困境的突破

尽管2045年的未来充满了无限可能，但人形机器人产业的发展仍面临着诸多技术挑战和伦理困境。人类总是在冲突中不断探索与前行，力求在科技发展与伦理道德的平衡点上找到最佳路径。如何进一步提升人形机器人的智能化水平、降低制造成本、确保安全性与隐私保护等仍是亟待解决的问题。同时，如何平衡人机关系、避免技术滥用和伦理失范也是未来需要重点关注的方向。为避免人机关系失衡，我们需从法律、伦理、文化等多个层面入手，明确机器人的地位与权利边界，并加强人机互动的设计与研究，促进人机之间的和谐共生。只有不断突破这些挑战和困境，人形机器人产业才能持续健康发展并为人类社会创造更多便利。

　　跨越 2045 年的展望是一个充满希望与挑战的旅程。人形机器人产业将以其独特的魅力和无限潜力引领人类社会进入一个全新的世界——一个人机共生、和谐共进的未来世界。我们将共同见证并参与这一颠覆式革命，与人形机器人共同开启这个全新的世界。

　　或许，相对于人类科技发展的璀璨未来，任何文字表达都显得过于苍白。然而，在这段探索与总结的旅程中，我们将共同见证人形机器人产业从梦想走向现实的壮丽篇章。在科技发展的浩瀚征途中，人形机器人产业的崛起标志着技术的巨大飞跃，并预示着未来社会的深刻变革。从简单的机械装置演变为高度智能化的伙伴，人形机器人正逐渐融入我们的日常生活，成为推动社会进步的重要力量。

　　回首过去，技术的每一次突破都是对未知世界的勇敢探索与旧有技术的跨越升级；展望未来，人形机器人将在智能化、自主化、个性化等方面取得更显著的进步，引领我们进入人机共生的崭新世界。我们有充分理由相信，随着技术的持续创新和产业的快速发展，人形机器人将在更多领域大放异彩，为人类社会带来前所未有的便利与幸福。在这场由人形机器人引领的科技革命中，我们每个人都有机会成为见证者与参与者，共同书写人机共生的崭新篇章。让我们携手同行，共同见证并参与这场由人形机器人引领的科技革命，努力谱写这一科技与人文高度相融的壮美诗篇。

参考文献

[1] 国家863计划智能机器人专家组. 机器人博览[M]. 北京：中国科学技术出版社，2001.

[2] 张林. 那些历史长河中的机器人[J]. 大科技（百科新说），2015（10）：46-49.

[3] 中国电子学会. 机器人简史[M]. 3版. 北京：电子工业出版社，2022.

[4] 董静. 你应该知道的机器人发展史[J]. 机器人产业，2015（1）：108-114.

[5] 吴伟国. 面向作业与人工智能的仿人机器人研究进展[J].哈尔滨工业大学学报，2015，47（7）：1-19.

[6] 李云江. 机器人概论[M]. 北京：机械工业出版社，2011.

[7] 张茂川，蔚伟，刘丽丽. 仿人机器人理论研究综述[J]. 机械设计与制造，2010（4）：166-168.

[8] 解仑，王志良，李敏嘉. 双足步行机器人[M]. 北京：机械工业出版社，2020.

[9] 都小涵. 科幻照进现实：机器人时代正加速到来[J]. 杭州，2024（3）：32-35.

[10]陈黄祥. 智能机器人[M]. 北京：化学工业出版社，2021.

[11]陈恳，付成龙. 仿人机器人理论与技术[M]. 北京：清华大学出版社，2010.

[12]杨雨彤. AI大模型与具身智能终将相遇[J]. 机器人产业，2024（2）：71-74.

[13]顾浩楠. 人形机器人历史沿革与产业链浅析[J]. 机器人技术与应用，2023（4）：6-8.

[14]赵淑钰. 人工智能各国战略解读：日本机器人新战略[J]. 电信网技术，2017（2）：45-47.

[15]王德生. 世界智能机器人产业发展动态[J]. 竞争情报，2024，20（1）：55-63.

[16]王桂芝. 国外人形机器人发展及军事应用分析[J]. 机器人技术与应用，2023（3）：6-8.

[17]孙山. 论人形机器人的法律地位[J]. 东方法学，2024（3）：15-25.

[18]吴汉东. 人工智能时代的制度安排与法律规制[J]. 法律科学（西北政法大学学报），2017，35（5）：128-136.

[19]朱妍. 人形机器人产业发展现状与启示[J]. 科技和产业，2023，23（22）：136-141.

[20]孙兴，祝黄河. 人工智能时代"机器换人"现象的审思[J]. 江西社会科学，2024，44（5）：152-161.

[21]商希雪. 人机交互的模式变革与治理应对——以人形机器人为例[J]. 东方法学，2024（3）：143-158.

[22]太平洋证券机械团队. 人形机器人行业深度报告1：海外国内代表企业纵览及核心零部件分析[R/OL].（2023-12-07）[2024-09-02].